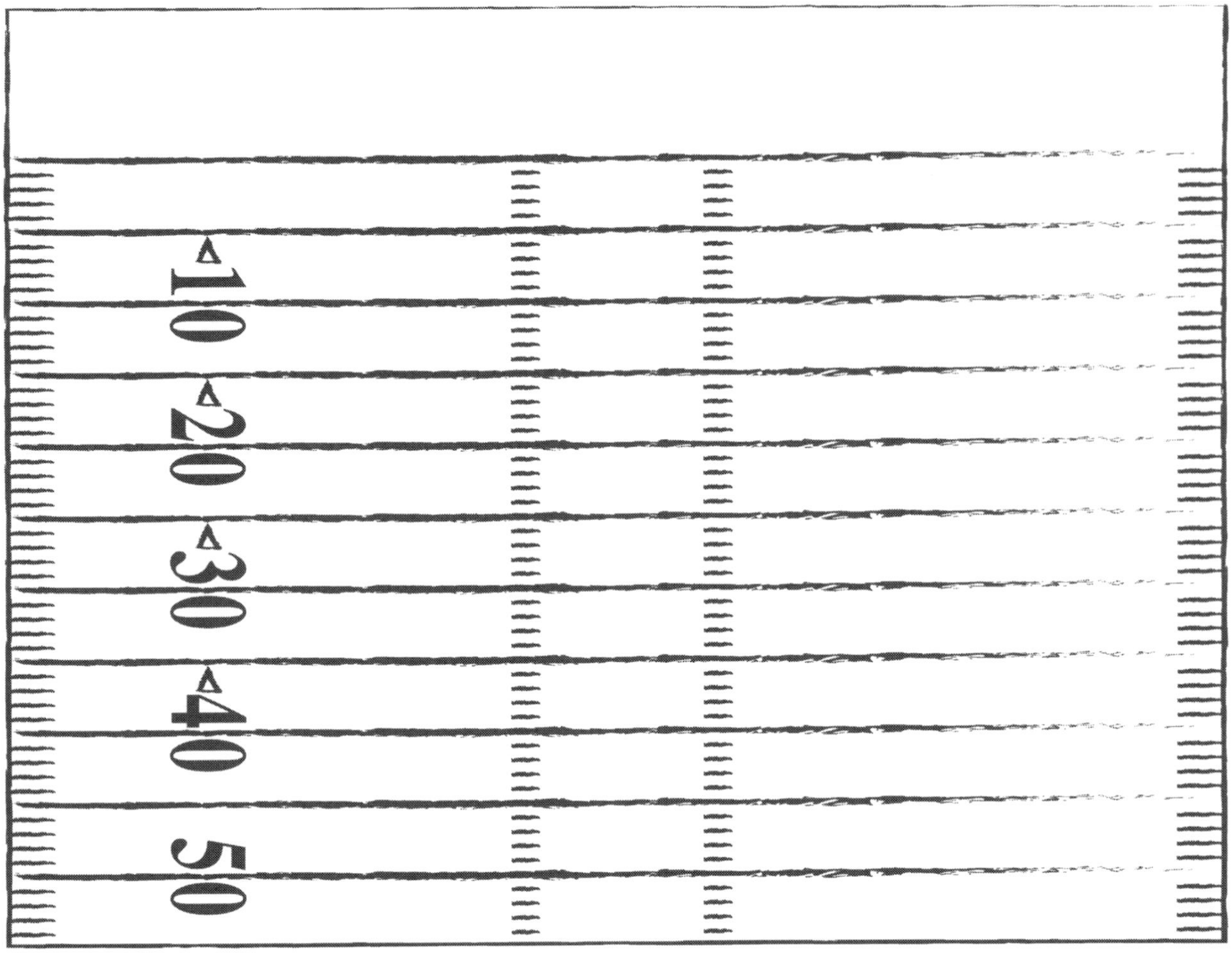
10
20
30
40
50

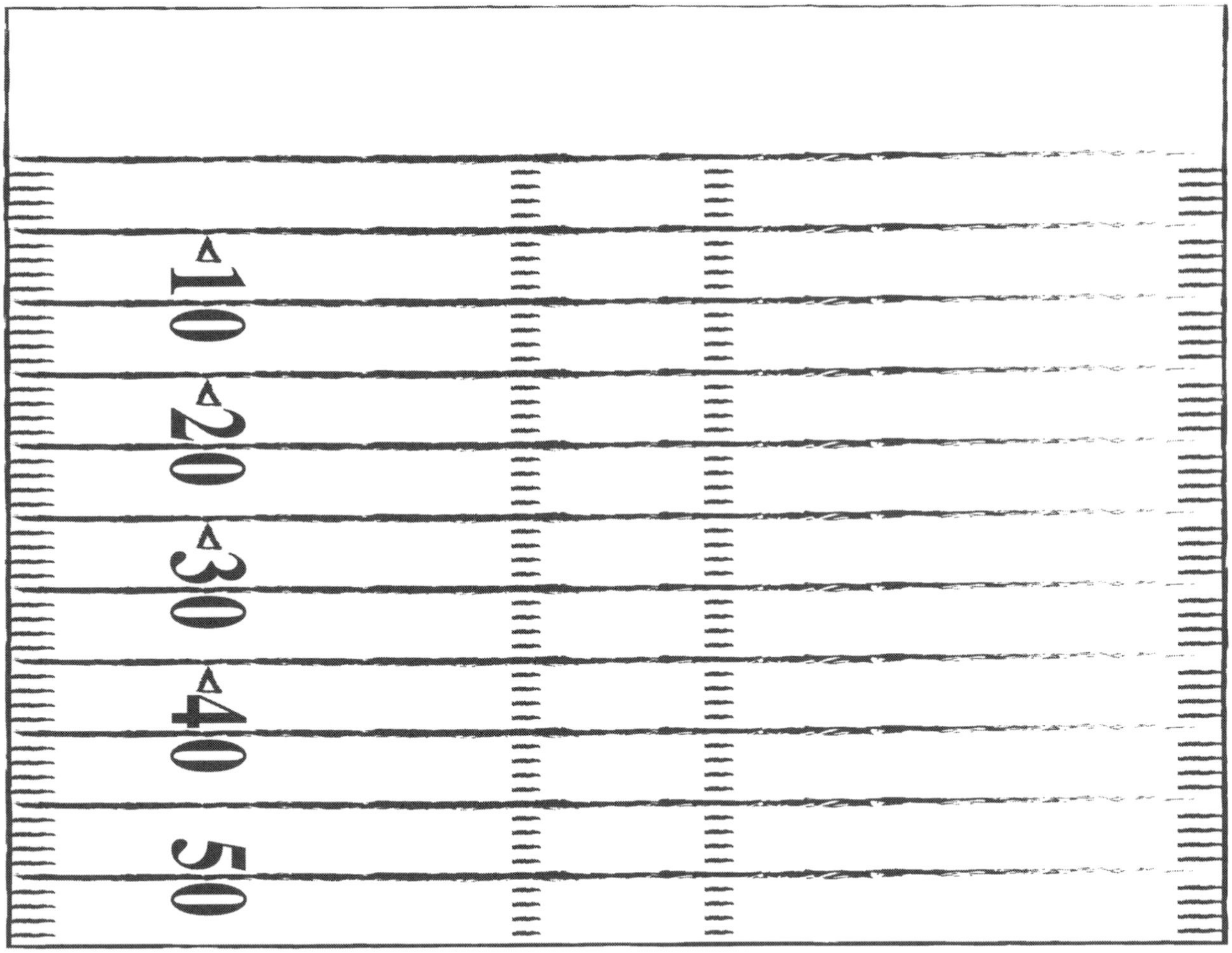
10
20
30
40
50

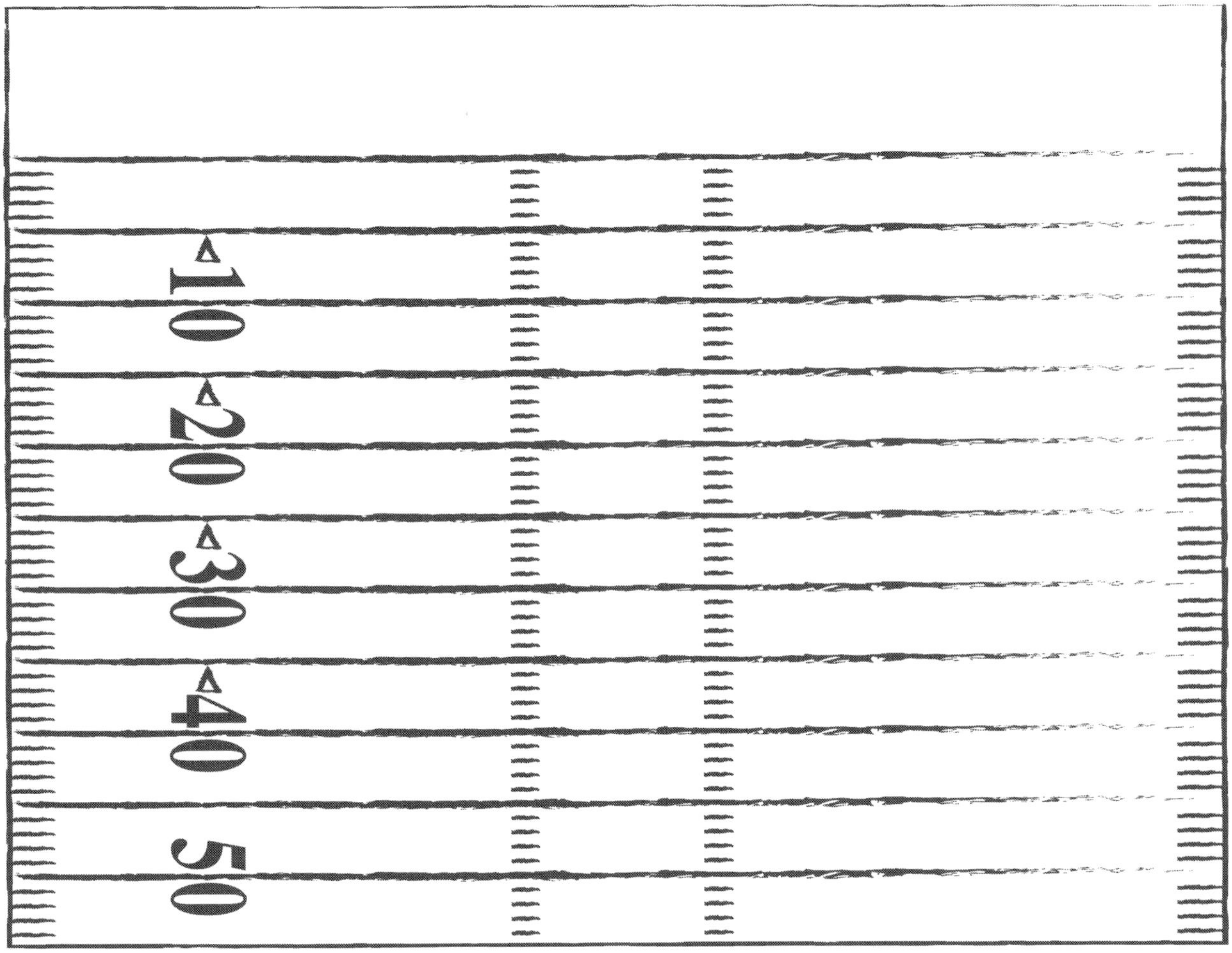
10
20
30
40
50

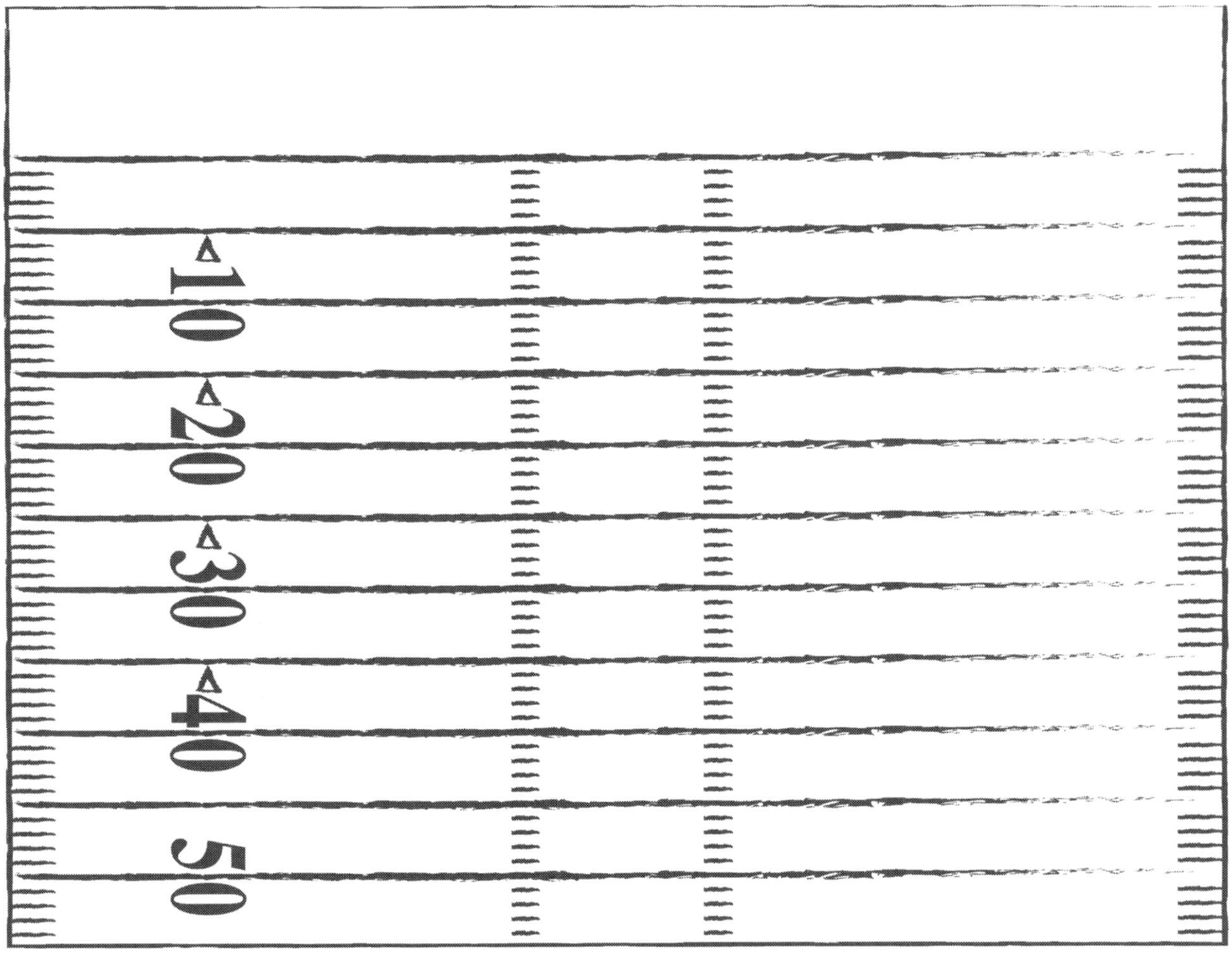
10
20
30
40
50

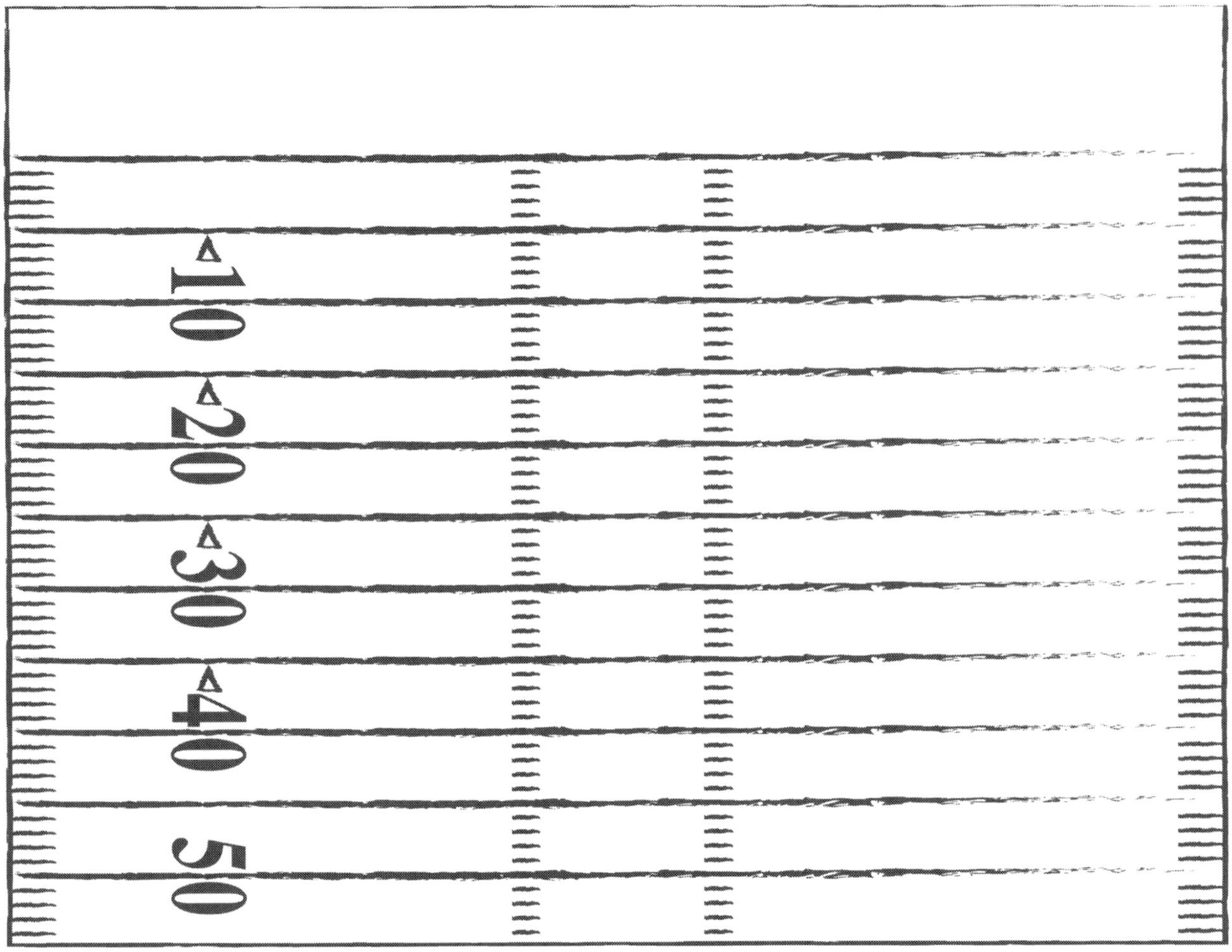
10
10
20
20
30
30
40
40
50
50

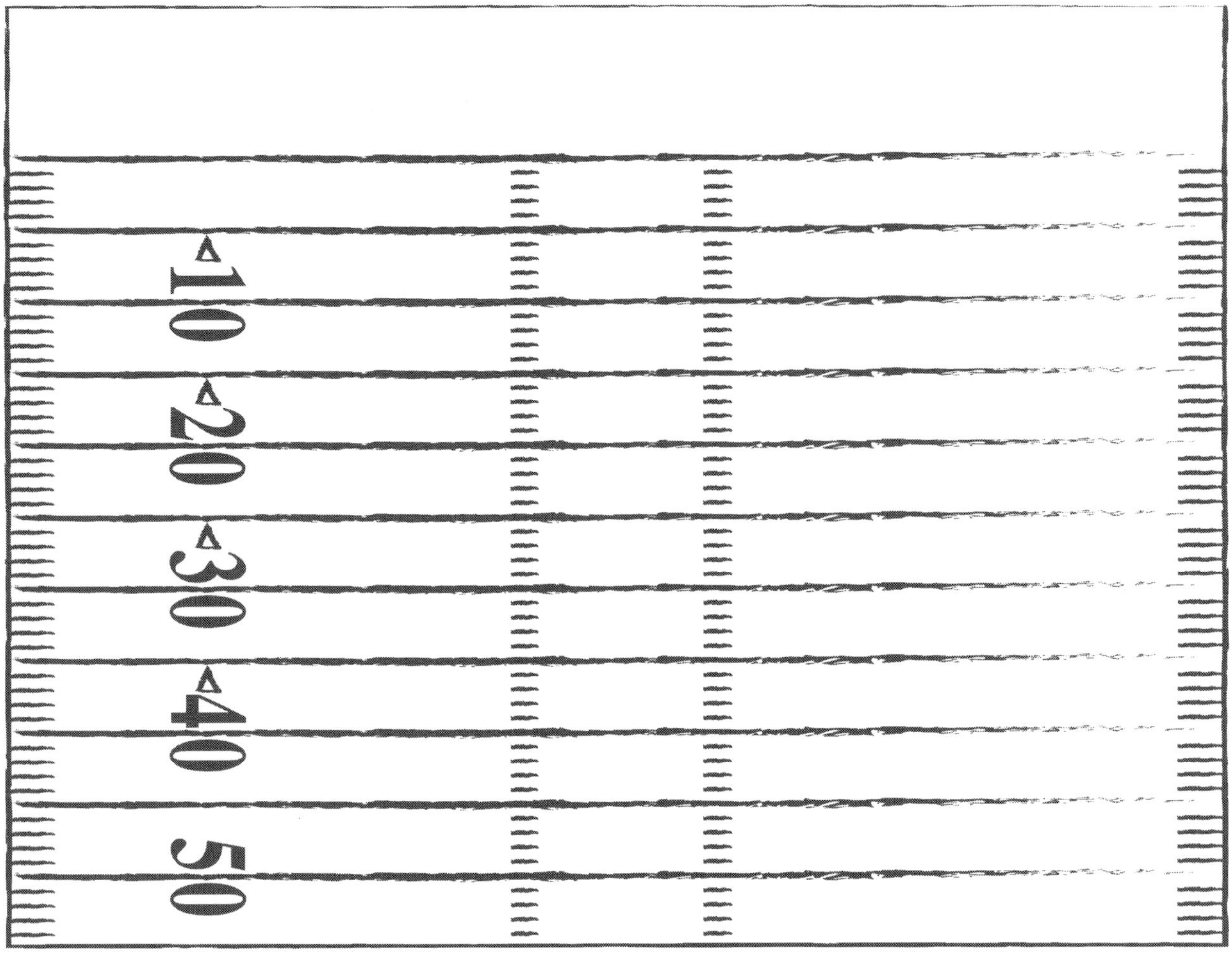
10
20
30
40
50

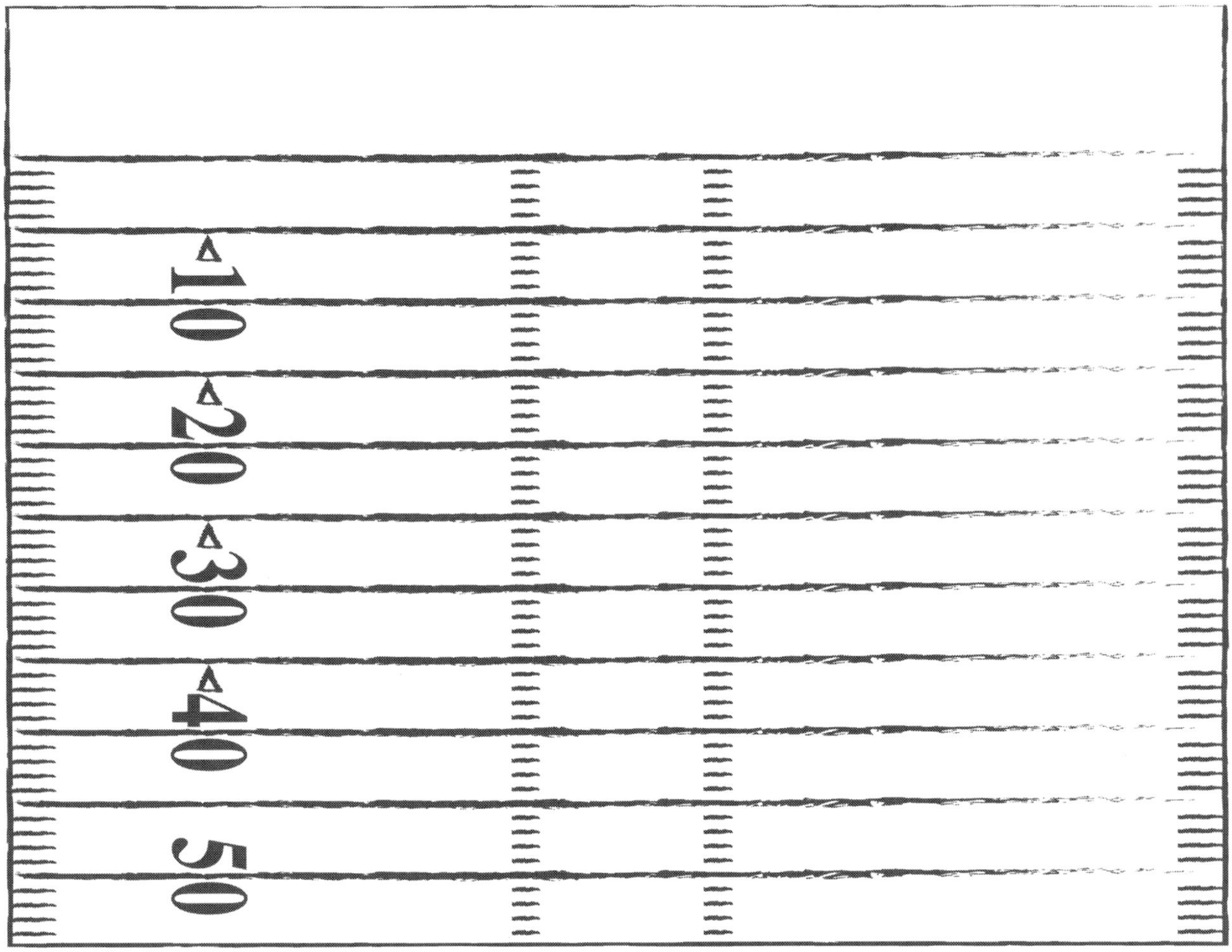
10
20
30
40
50

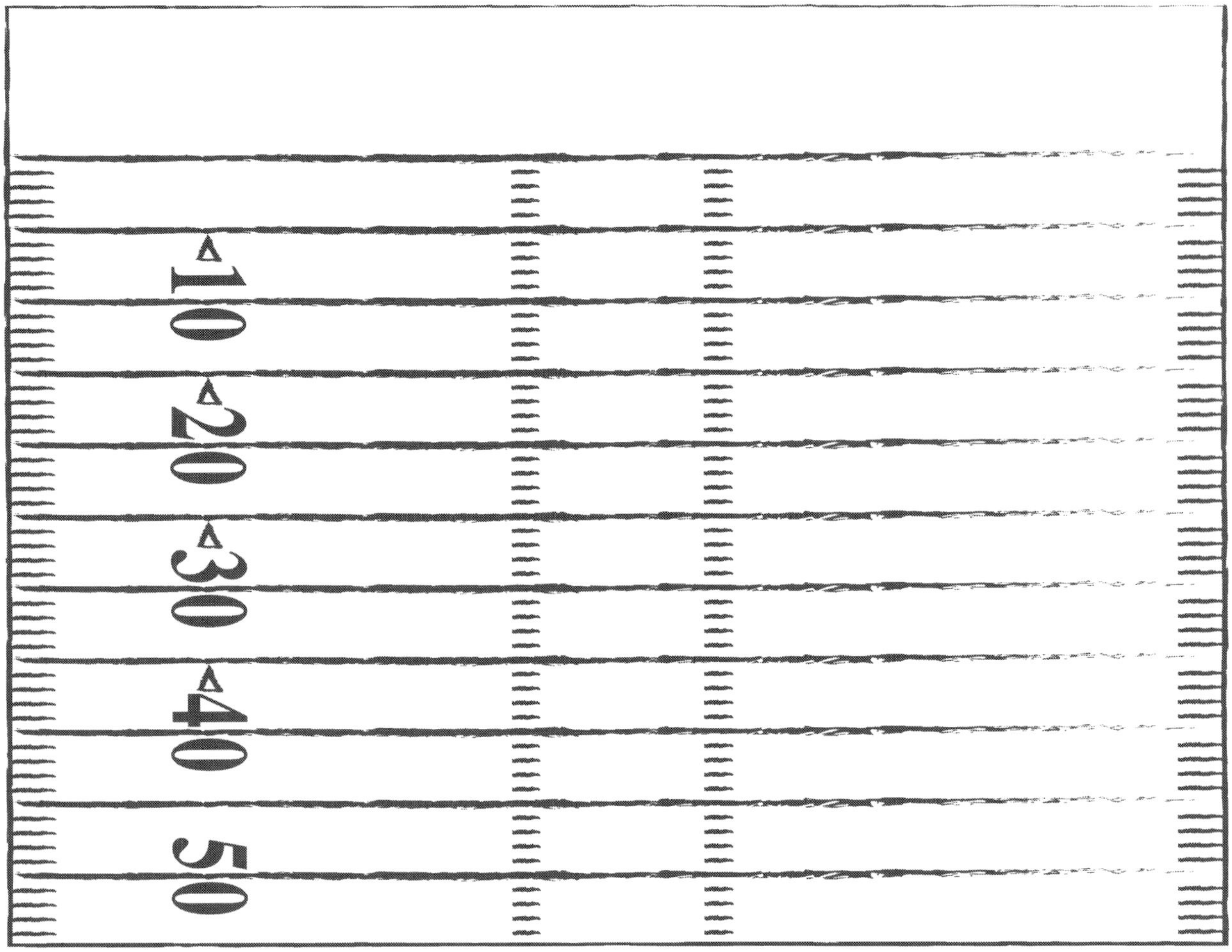
10
20
30
40
50

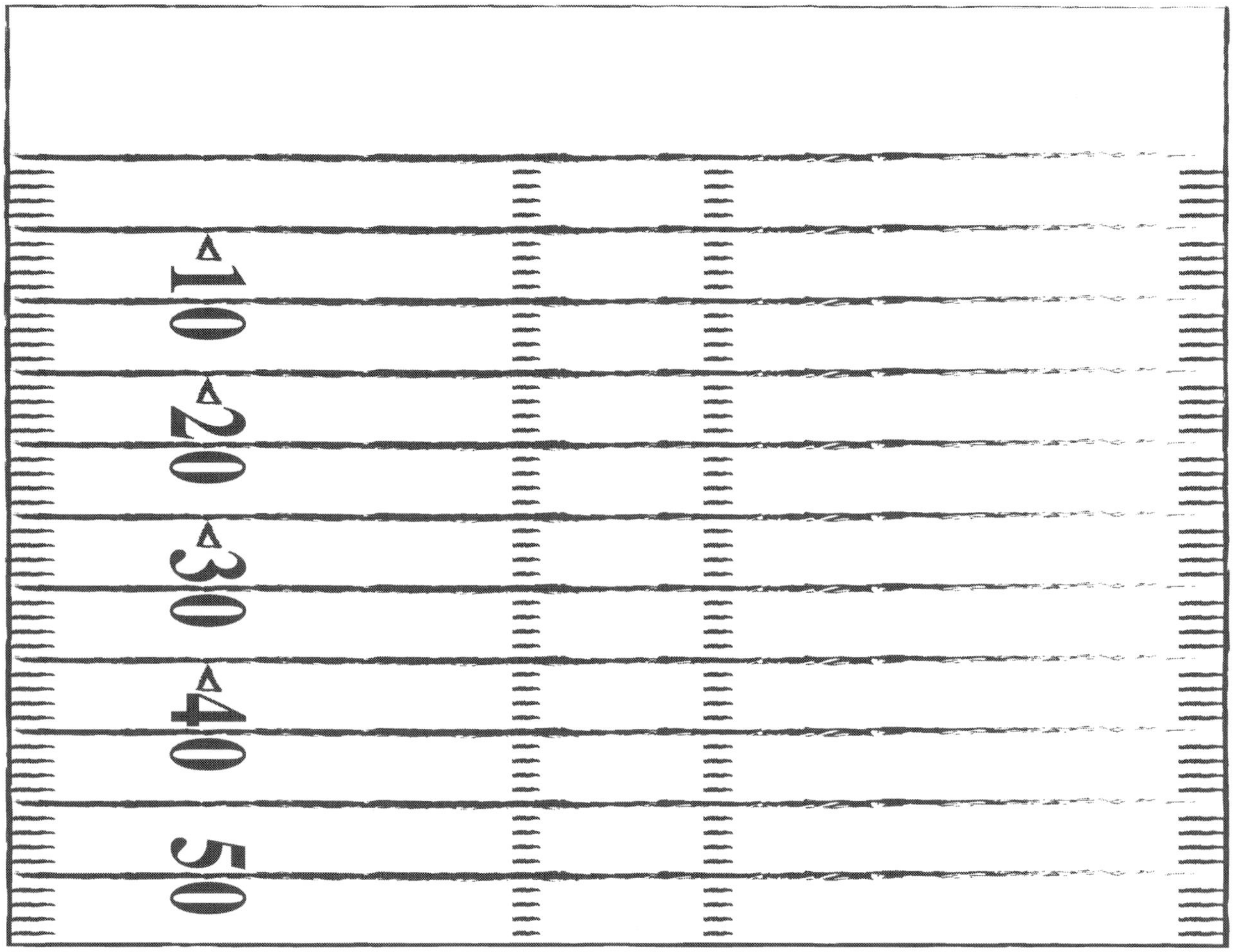
10
10
20
20
30
30
40
40
50

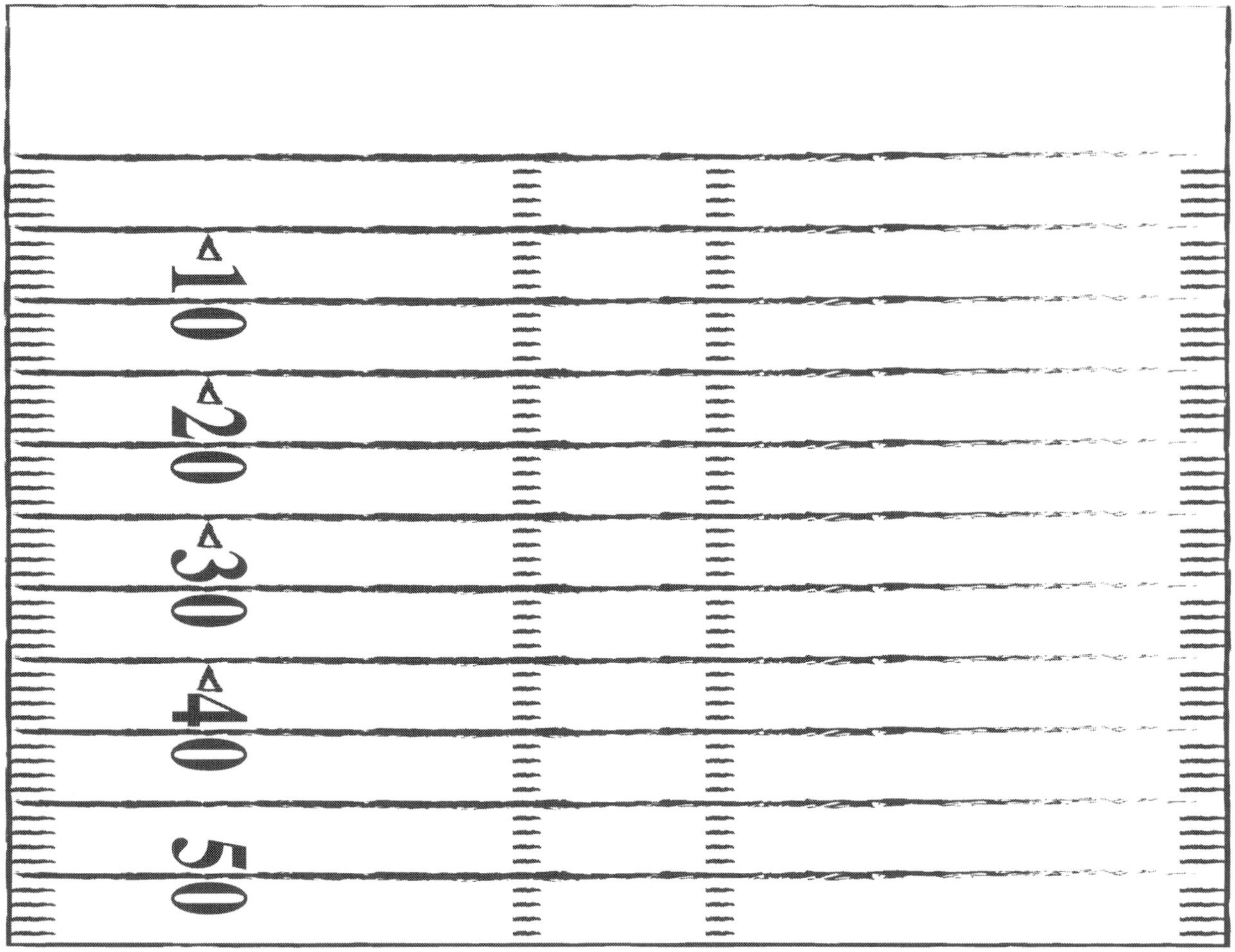
10
20
30
40
50

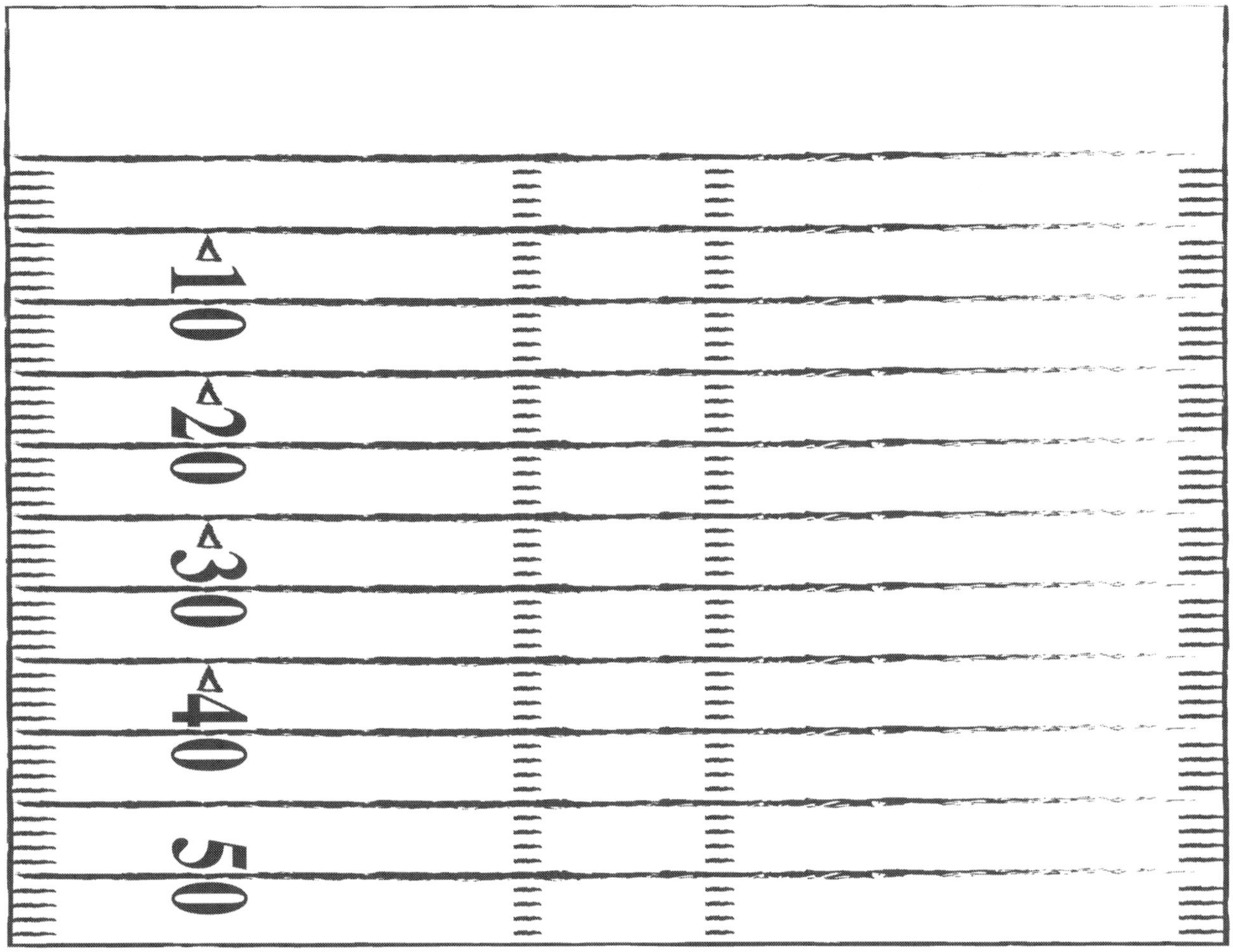
10
20
30
40
50

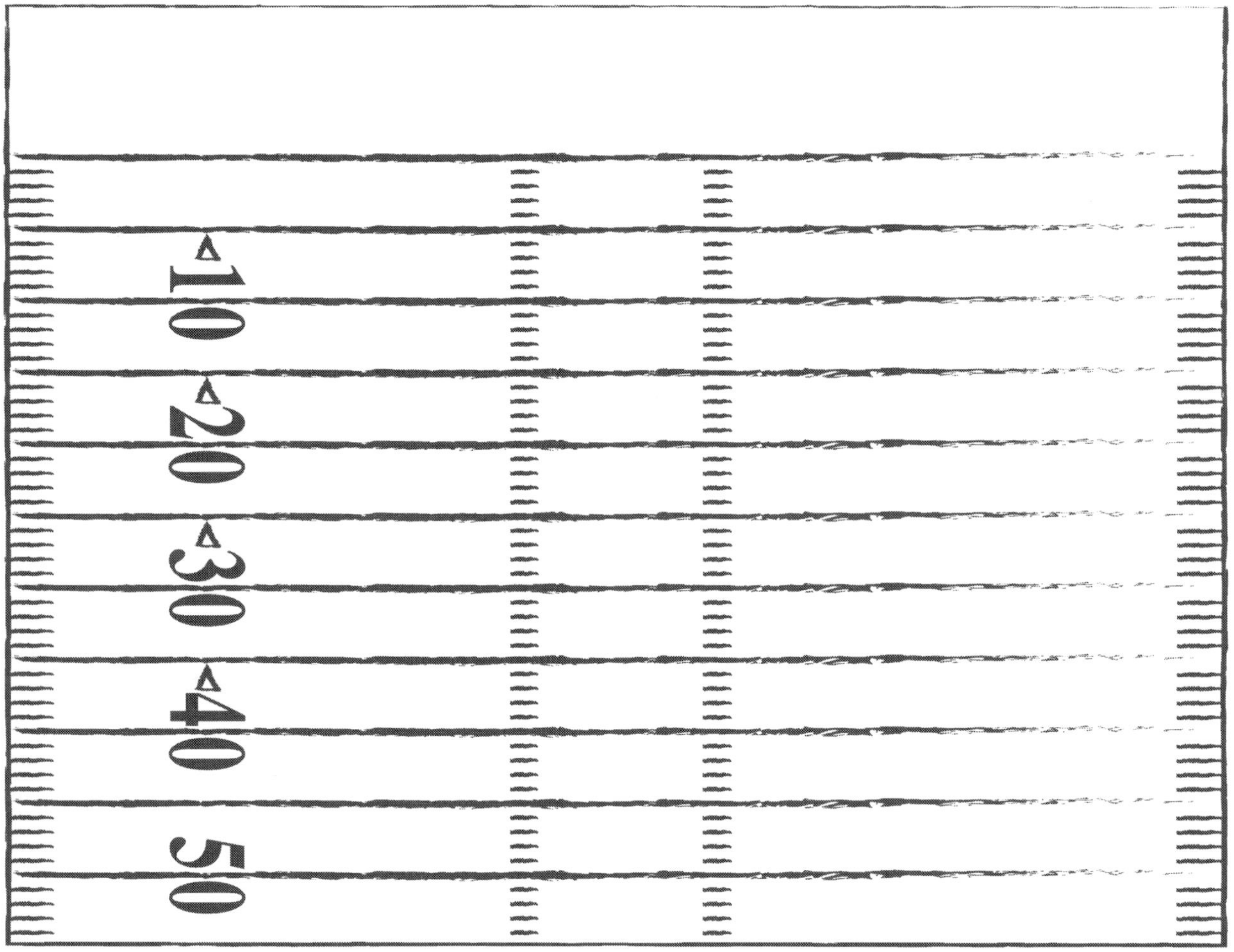
10
20
30
40
50

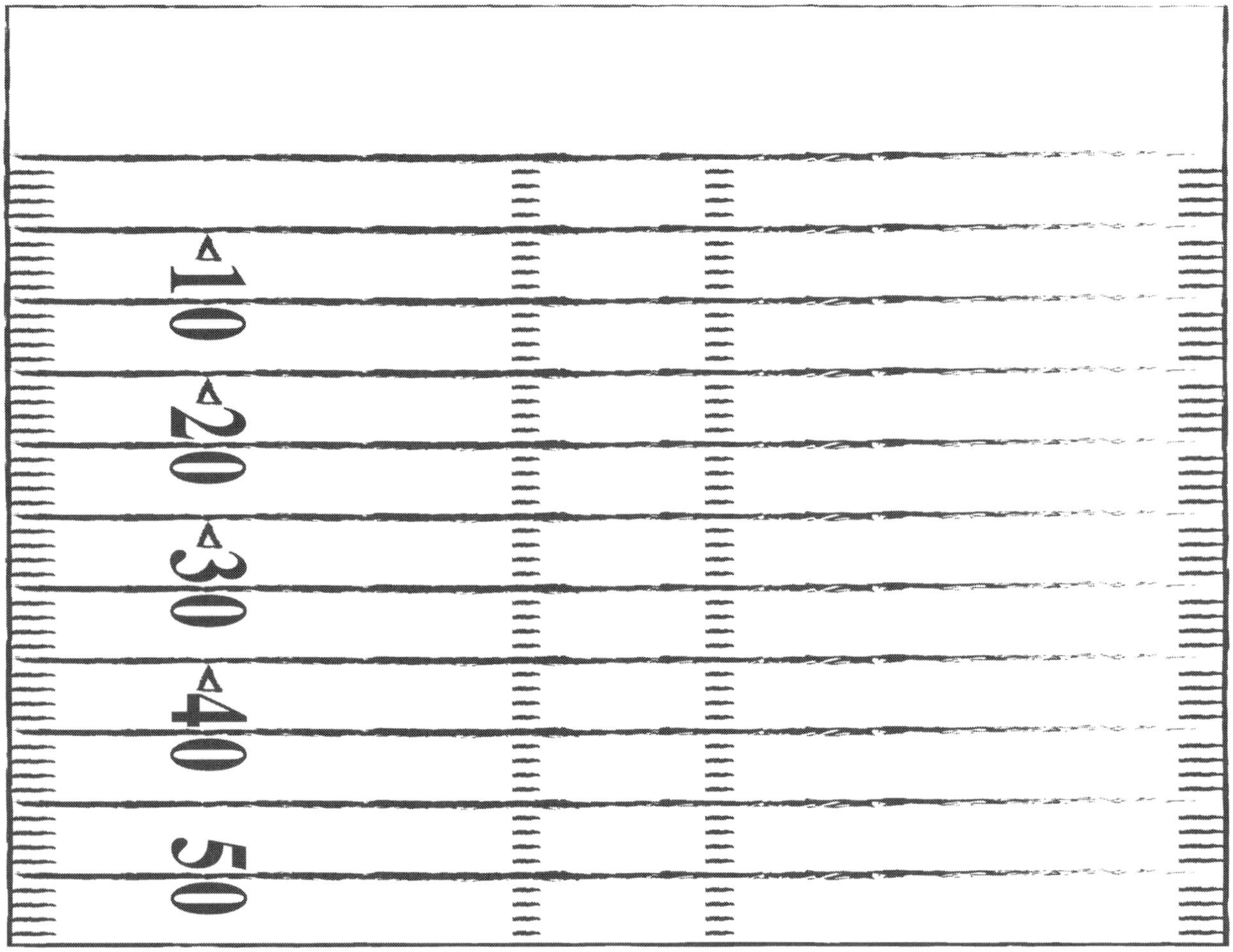
10
20
30
40
50
40
30
20
10

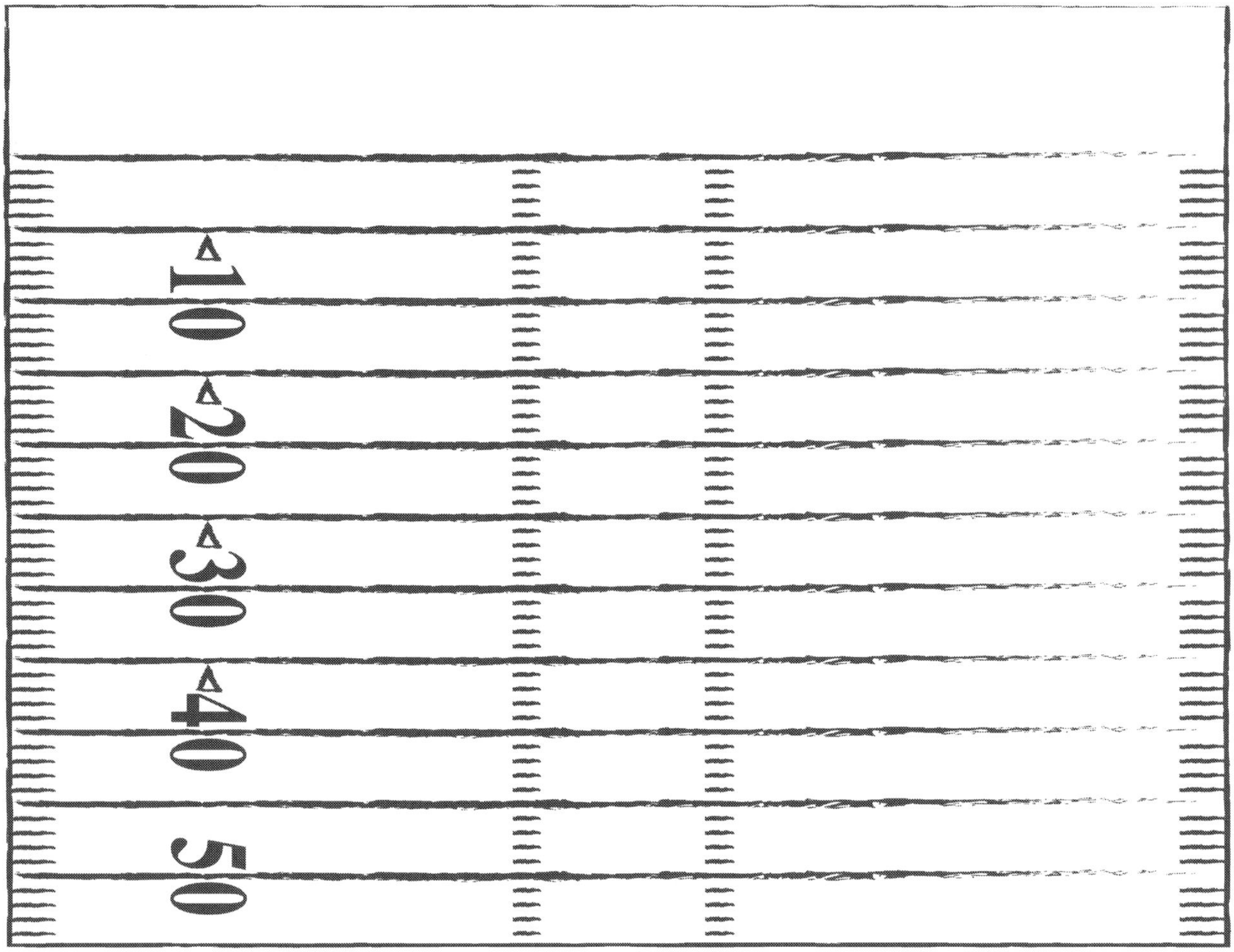
10
20
30
40
50

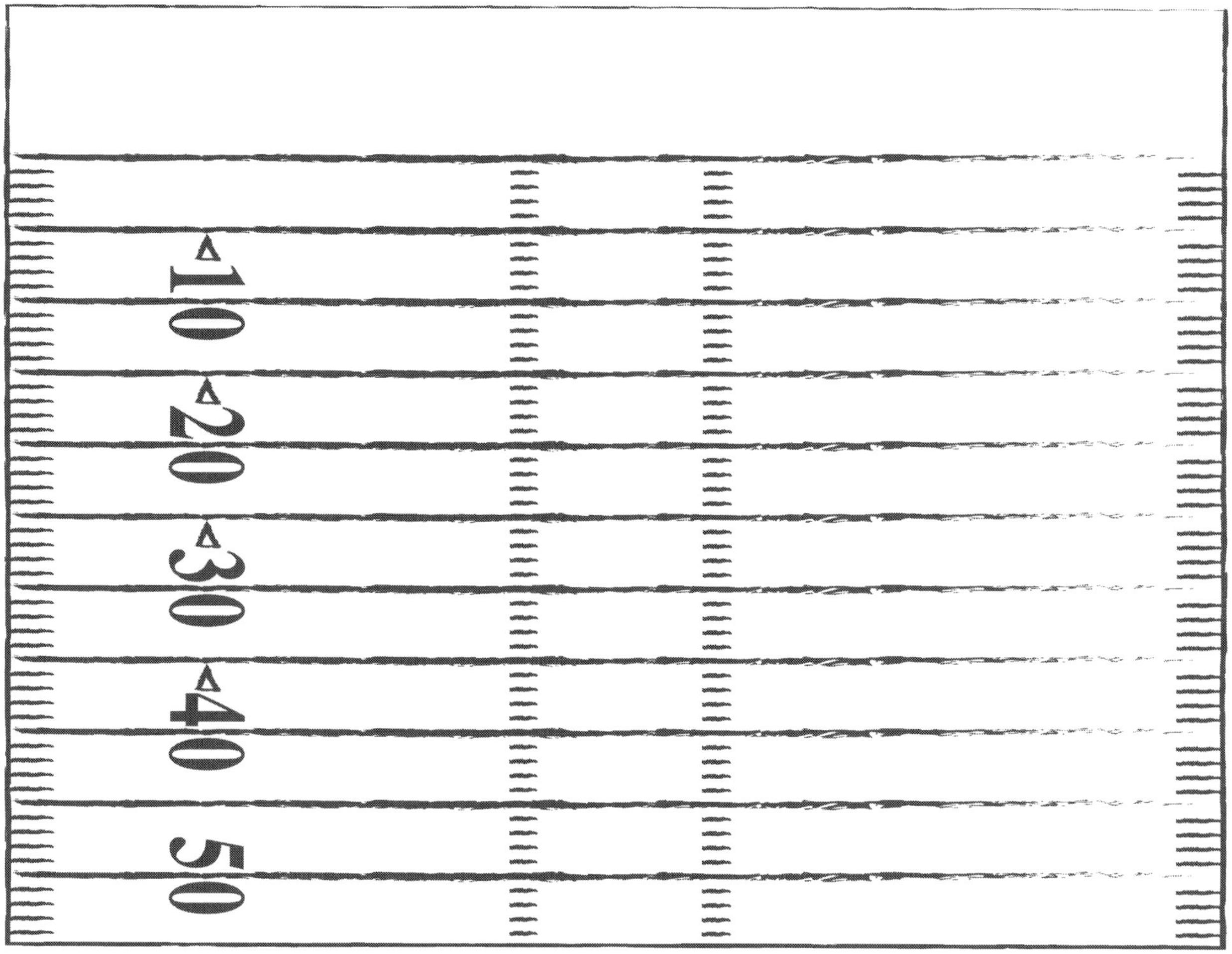
10
20
30
40
50

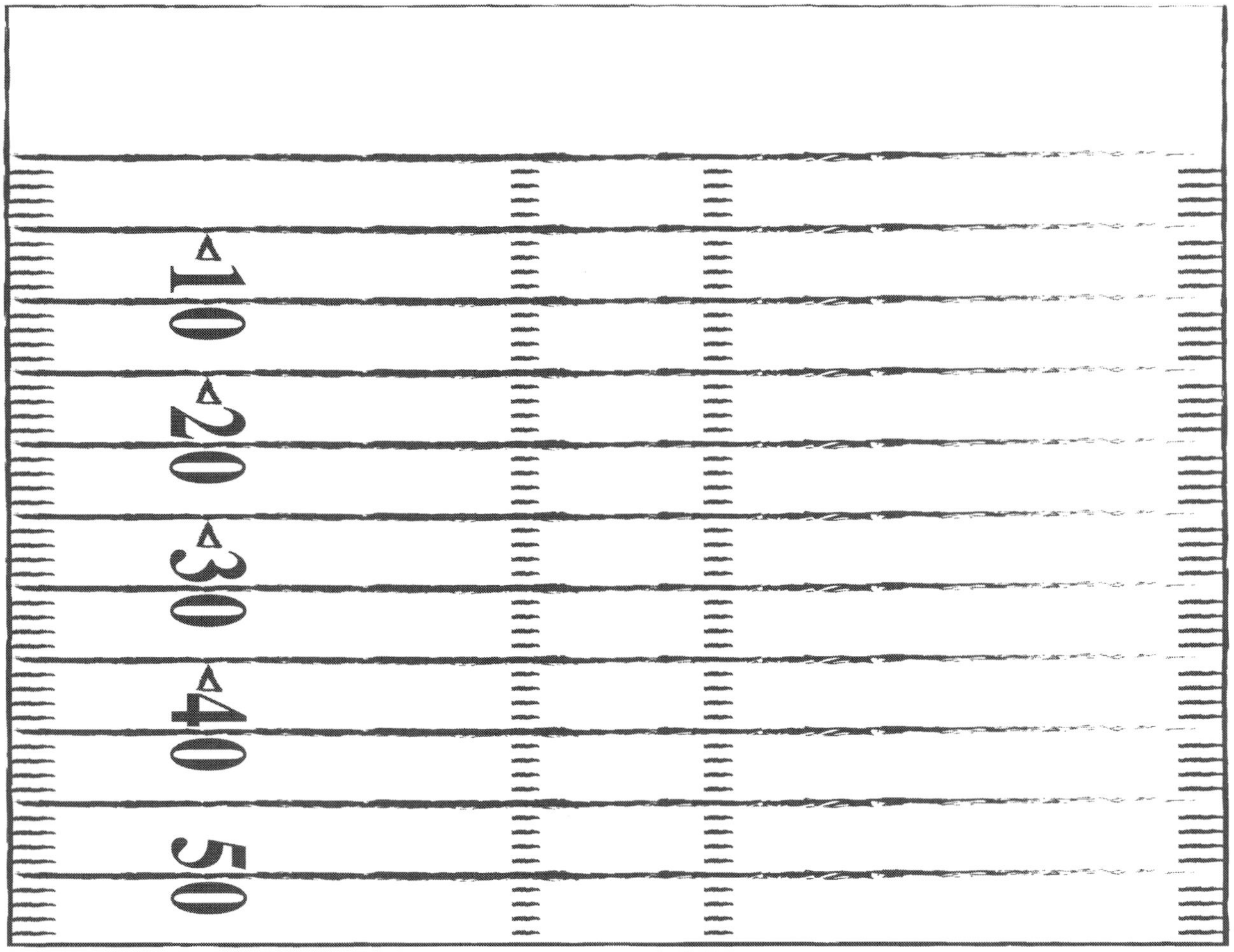
10
20
30
40
50

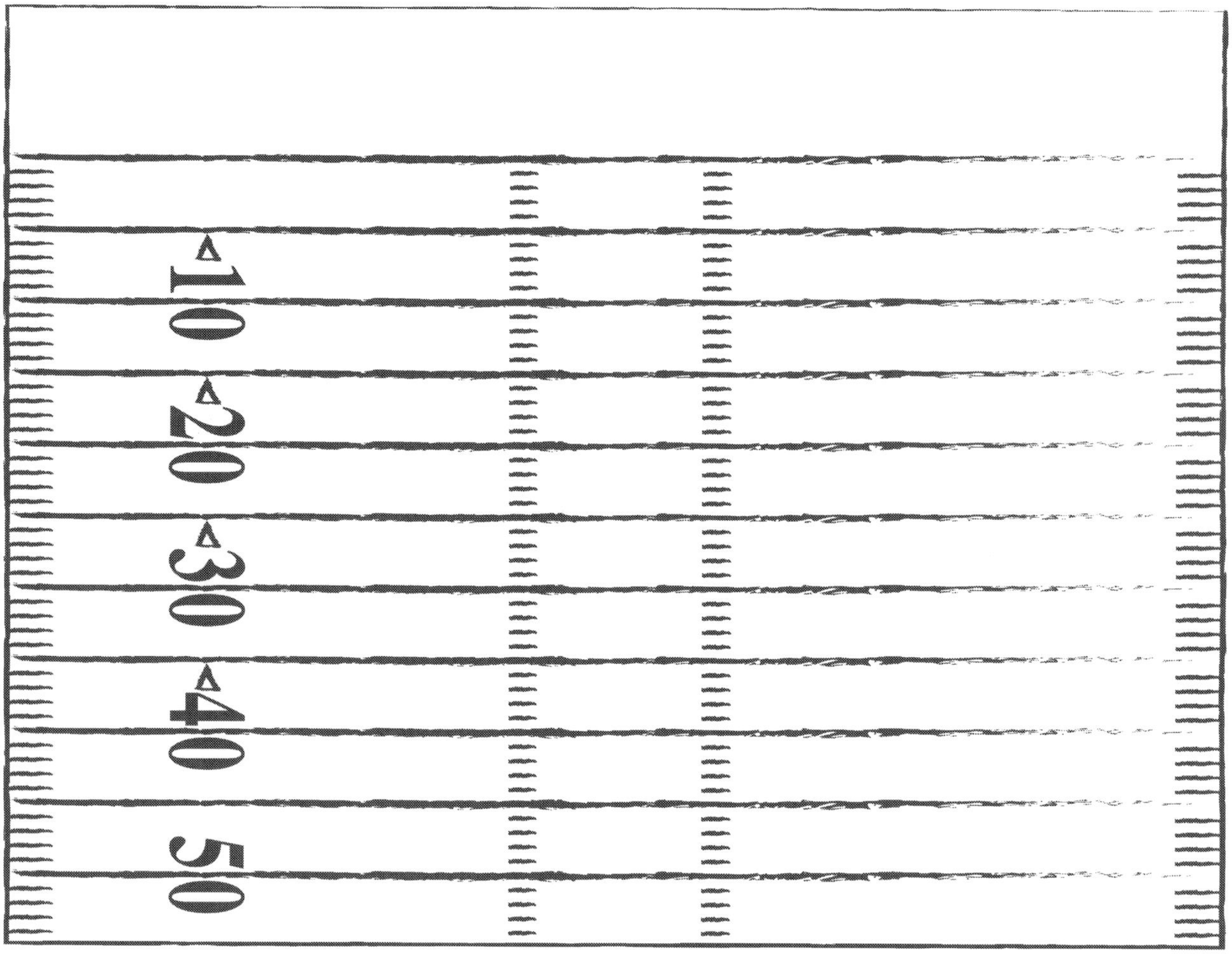
10
20
30
40
50

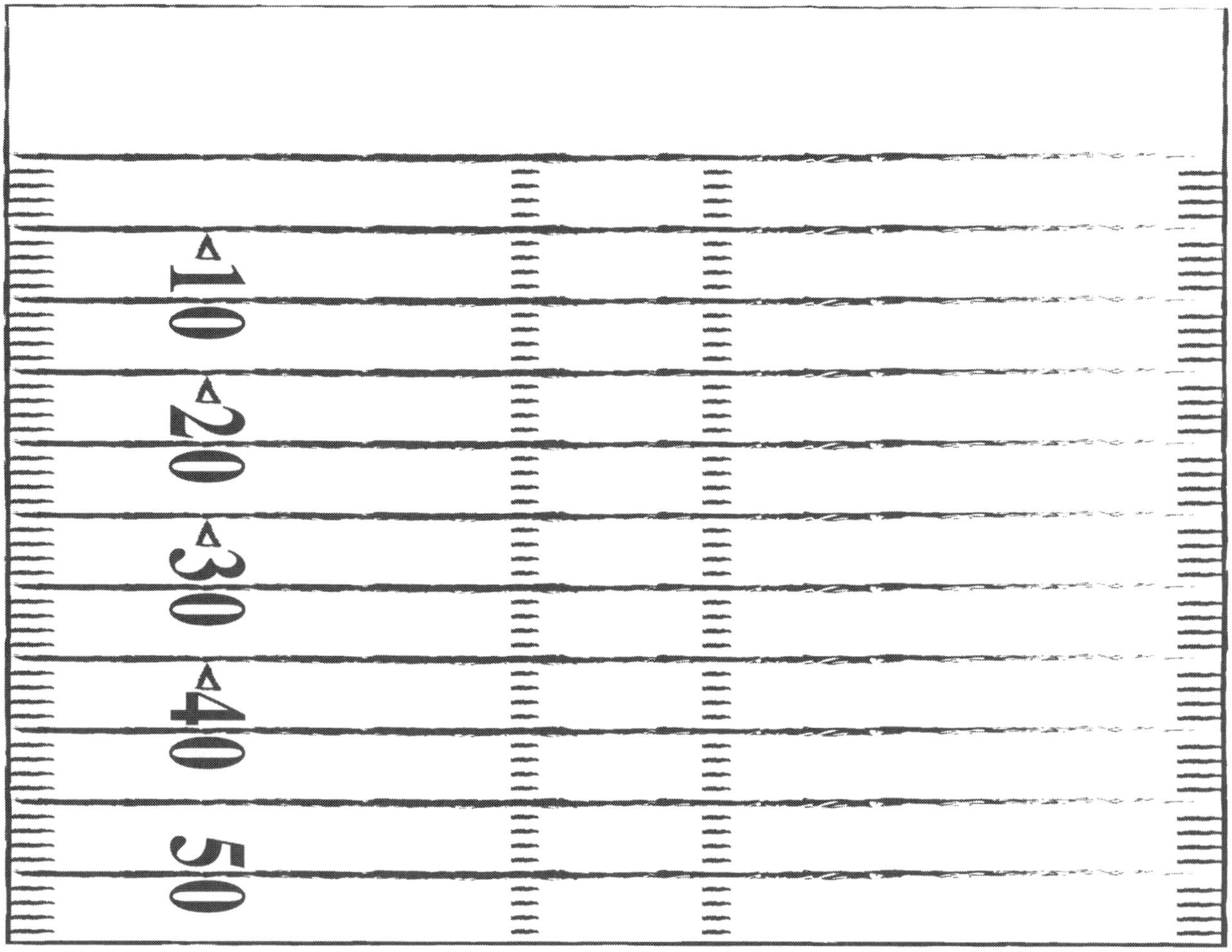

10
20
30
40
50

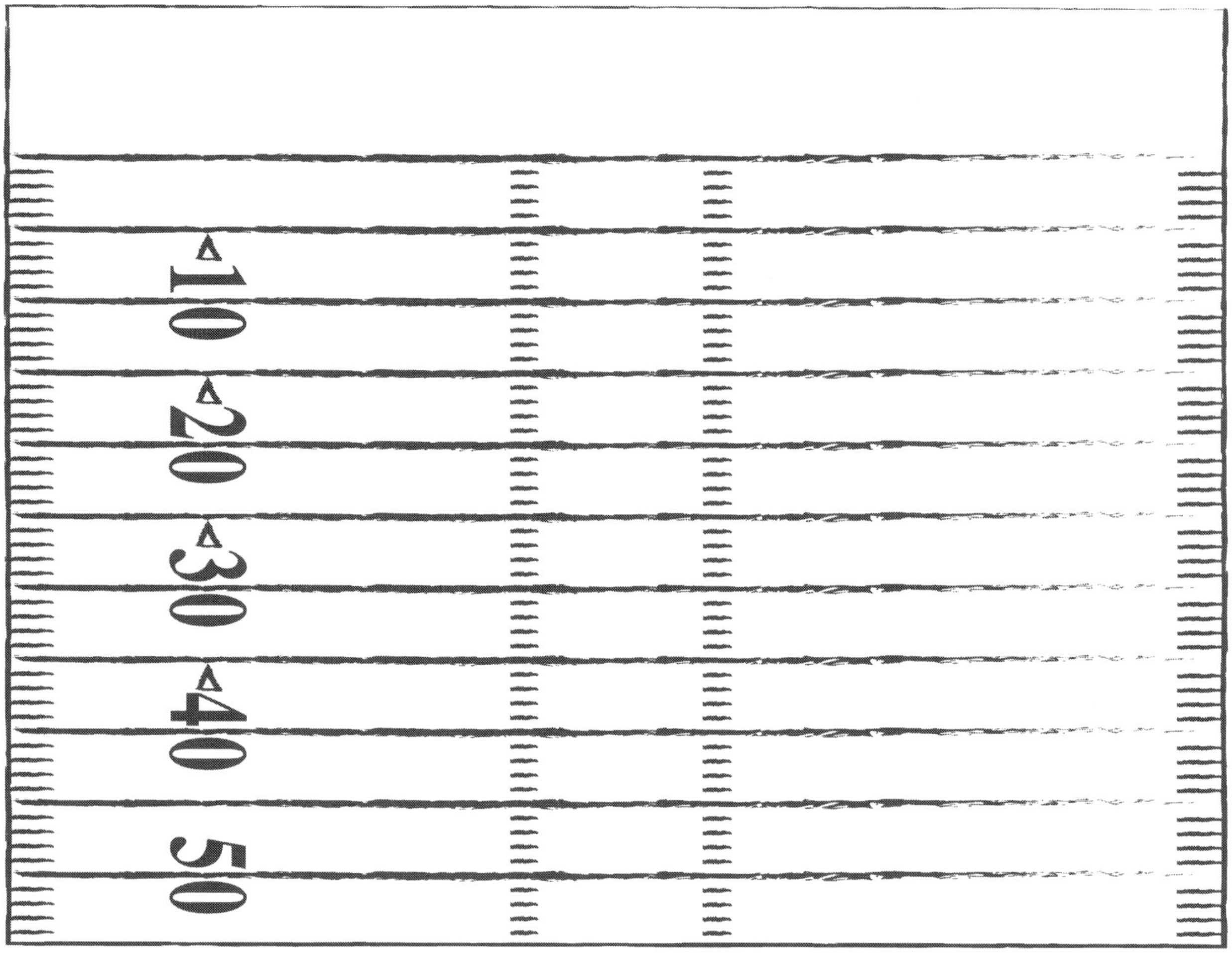

10
20
30
40
50

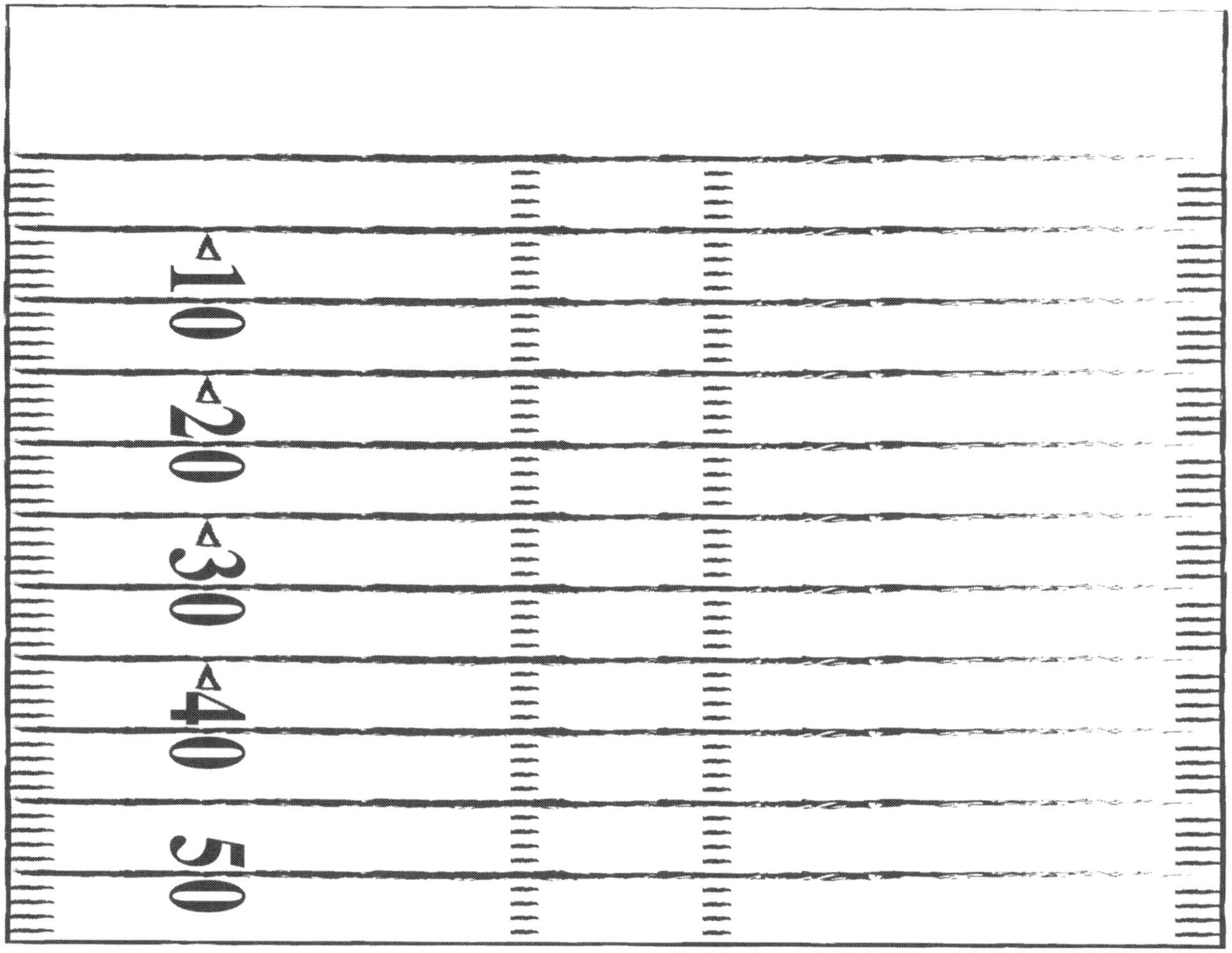
10
20
30
40
50

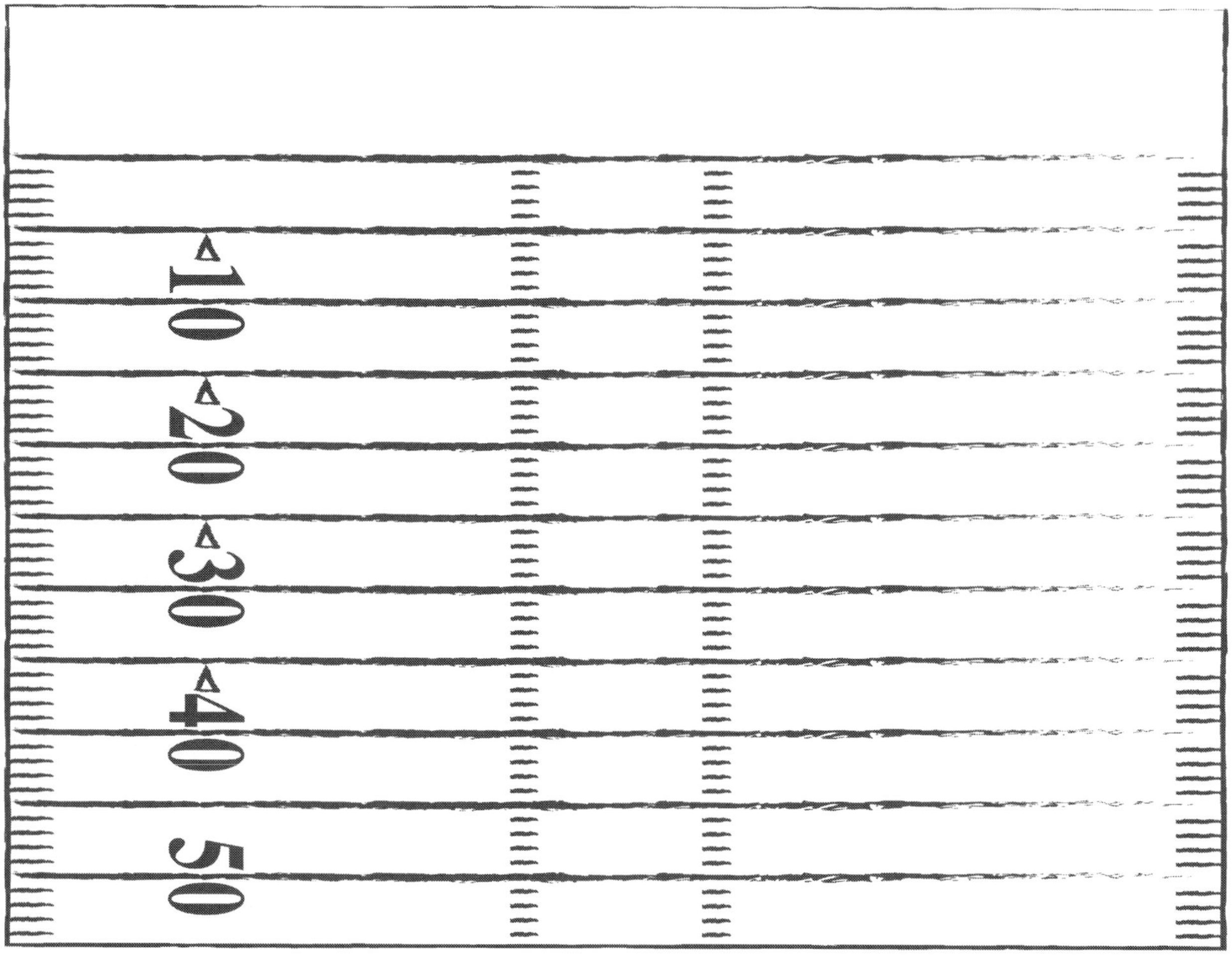
10
20
30
40
50

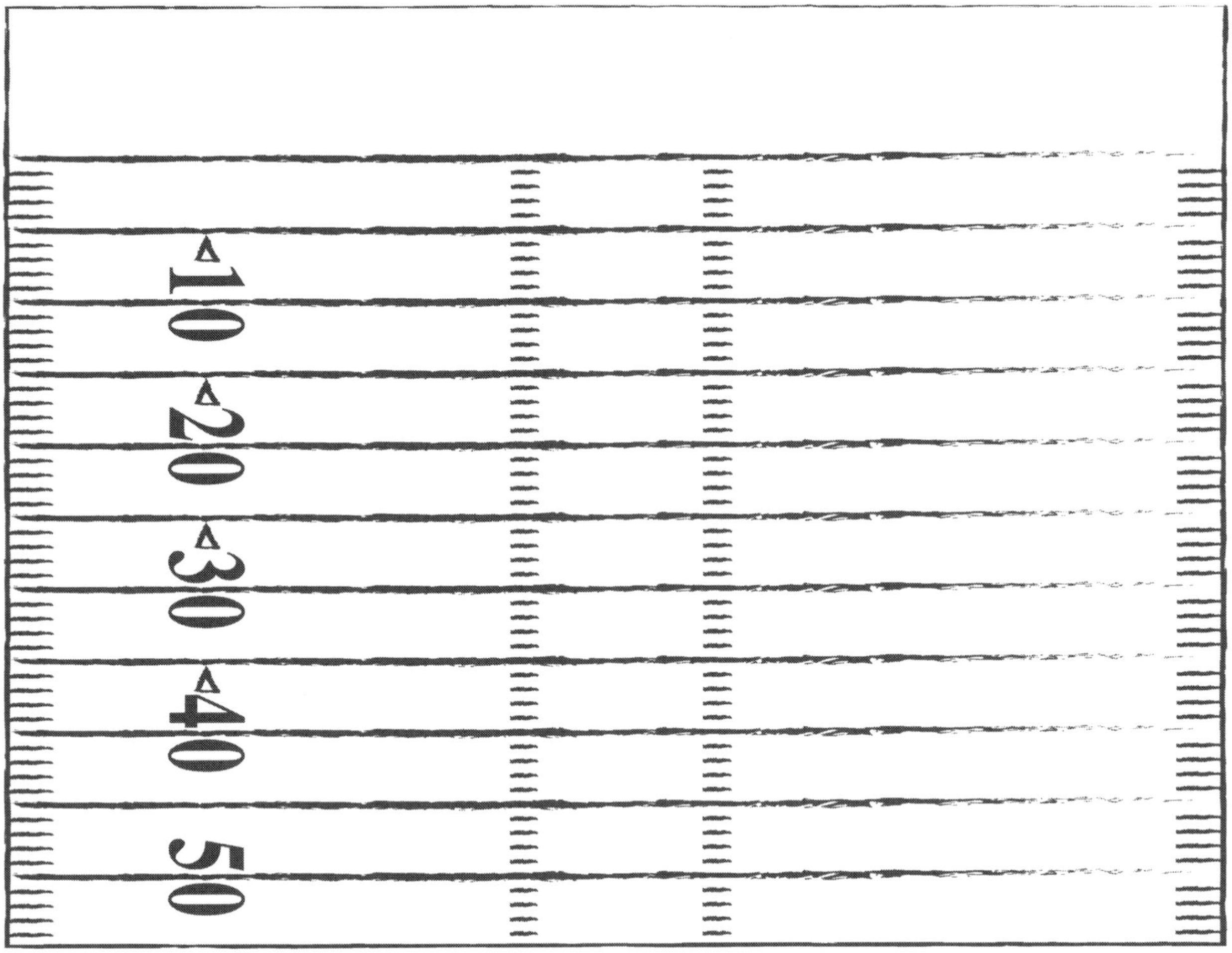
10
20
30
40
50

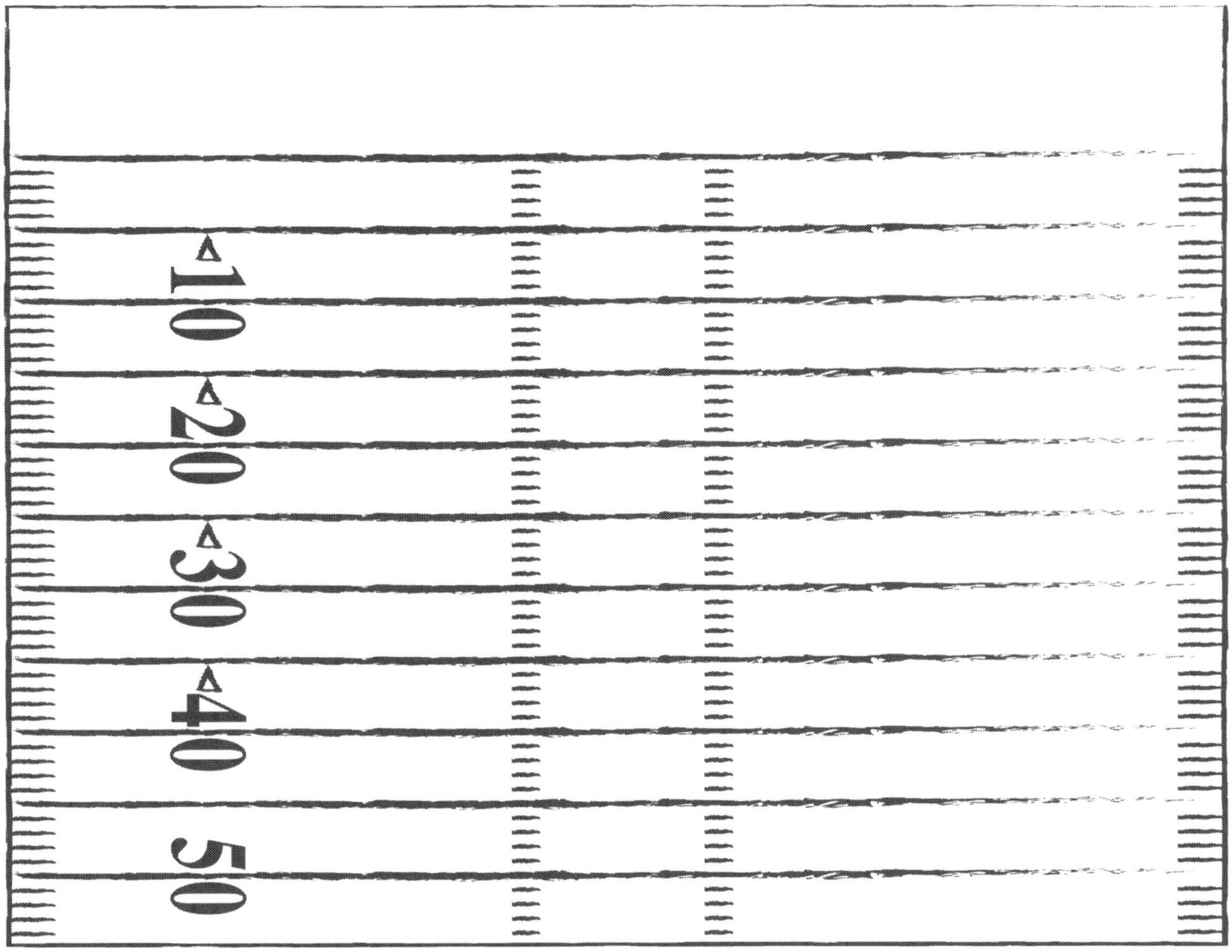
10
20
30
40
50

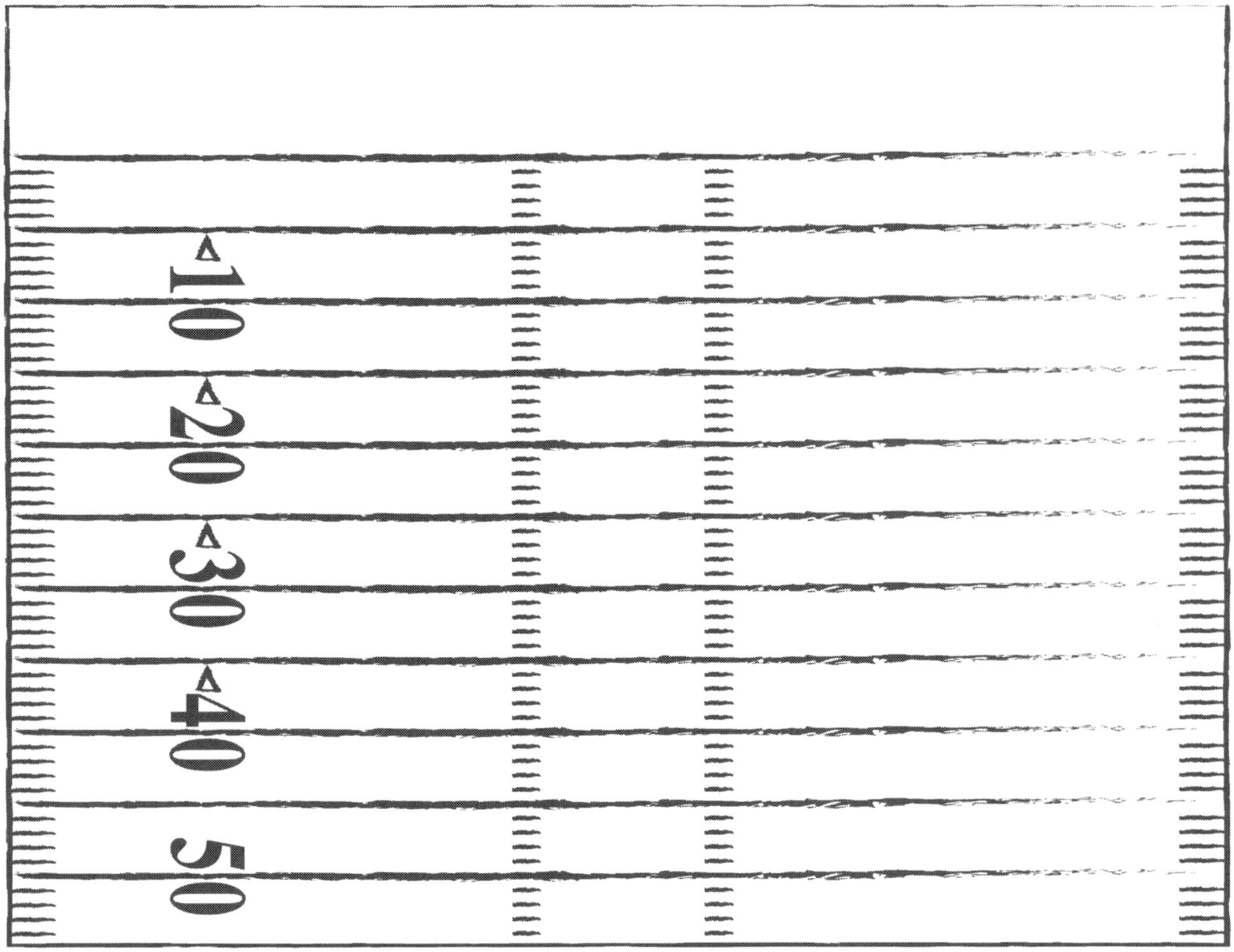
10
20
30
40
50

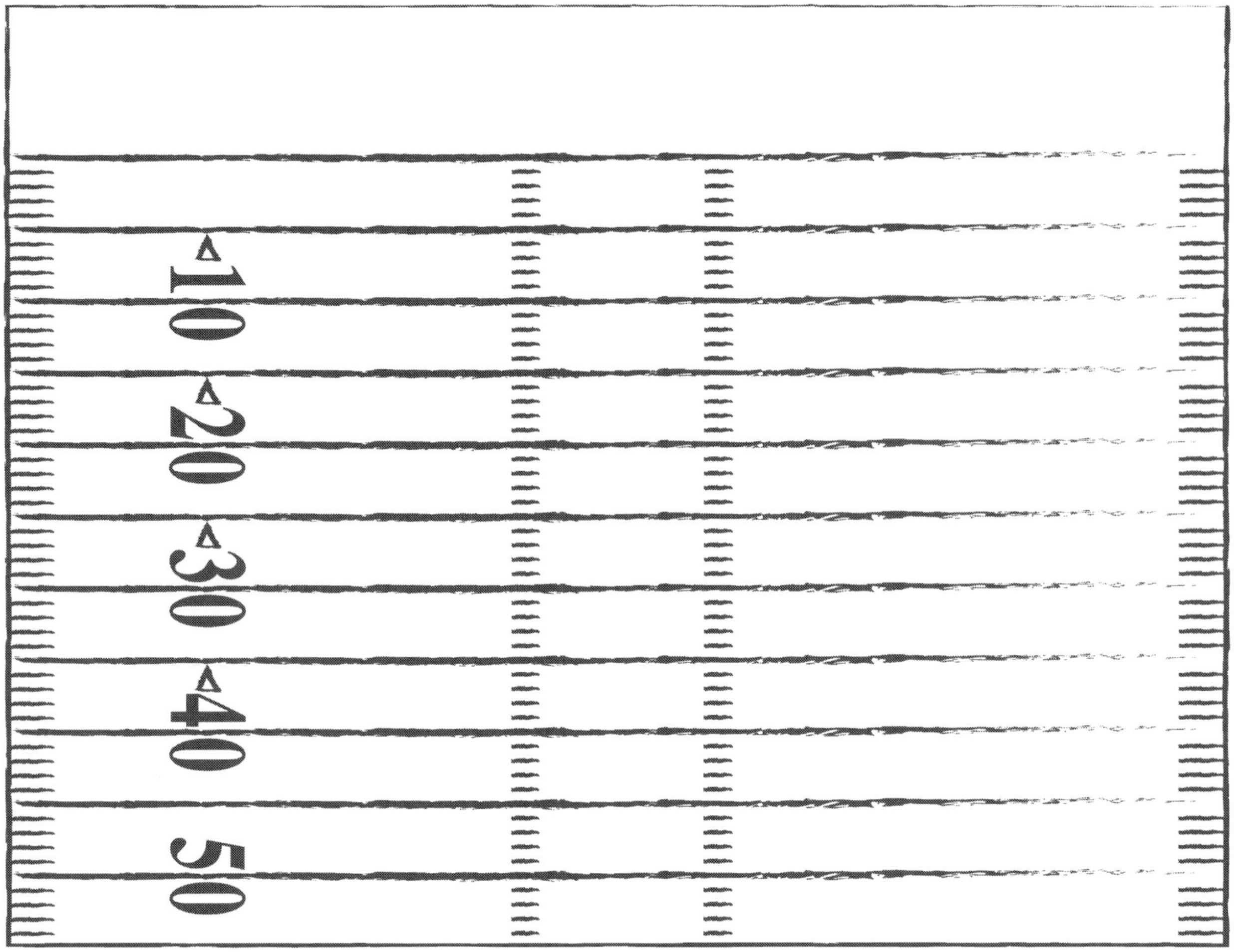
10
20
30
40
50

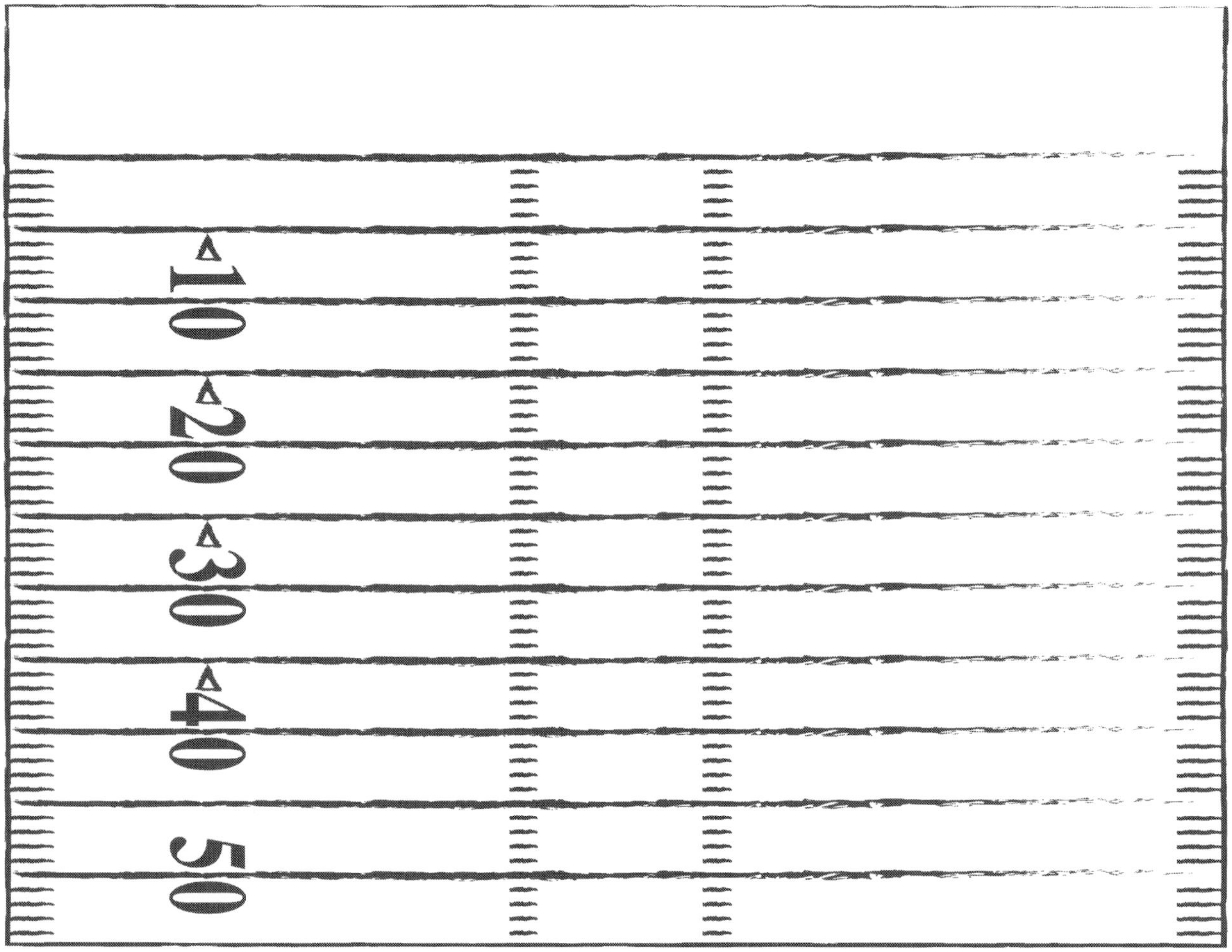

10
20
30
40
50

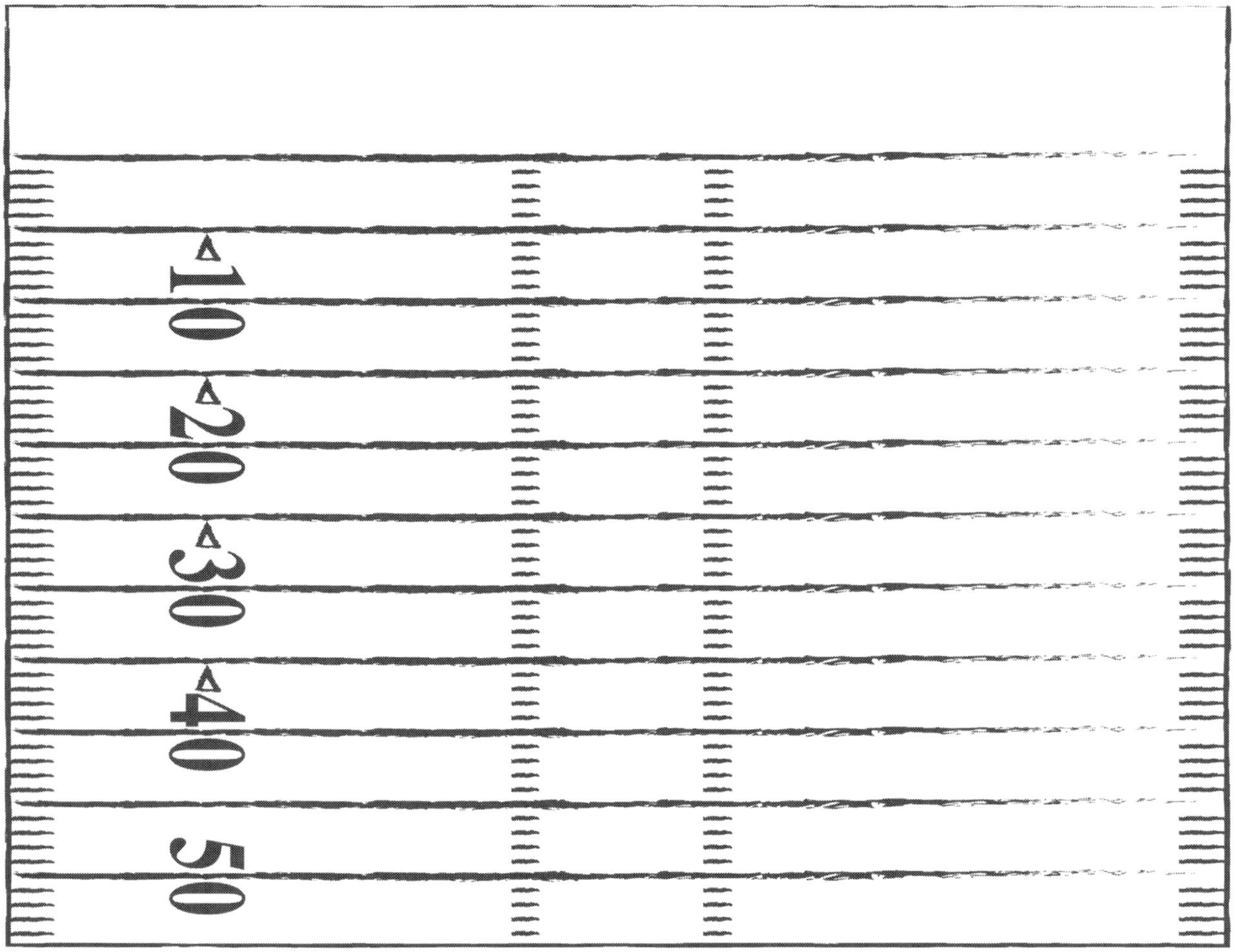
10
20
30
40
50

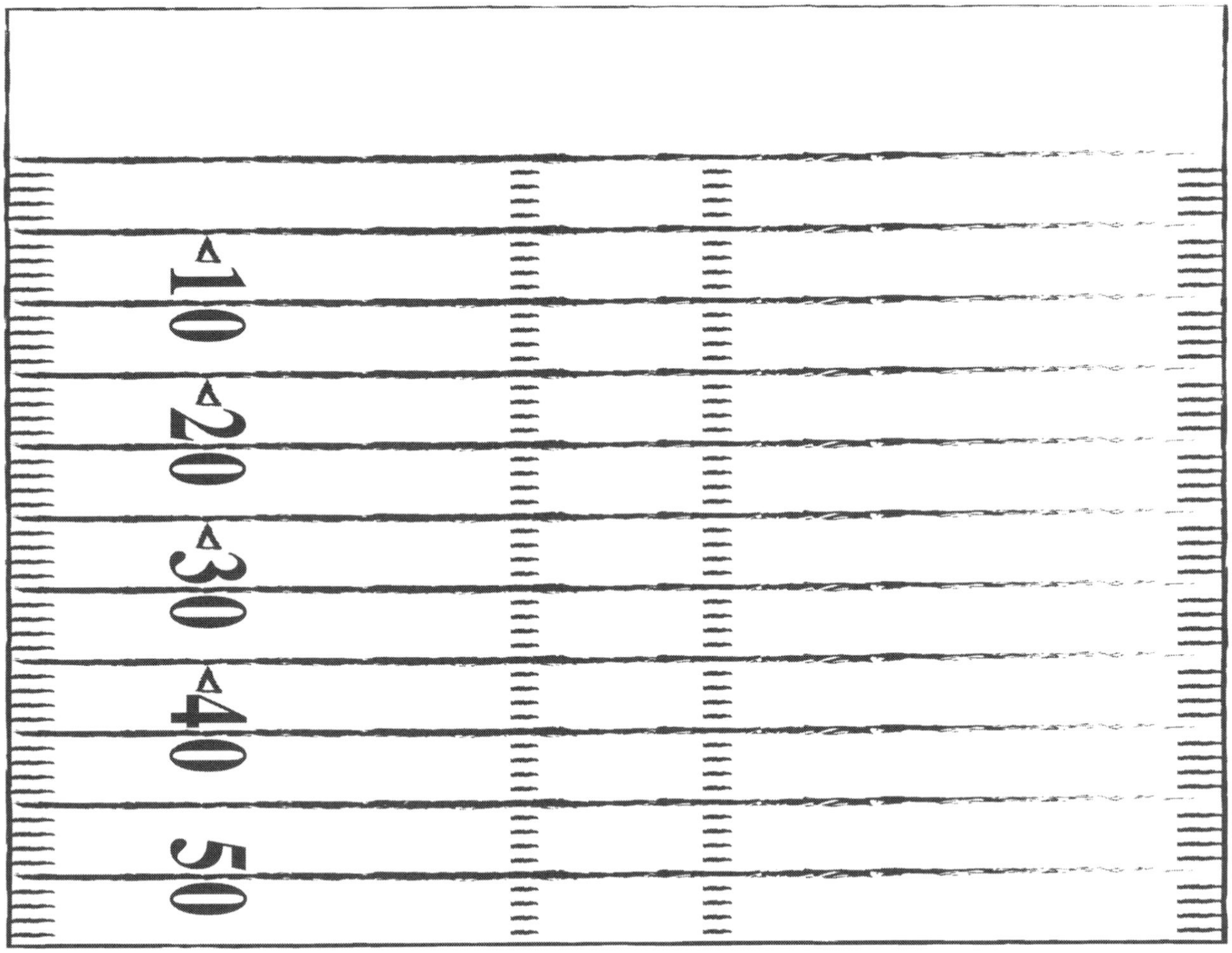
10
20
30
40
50

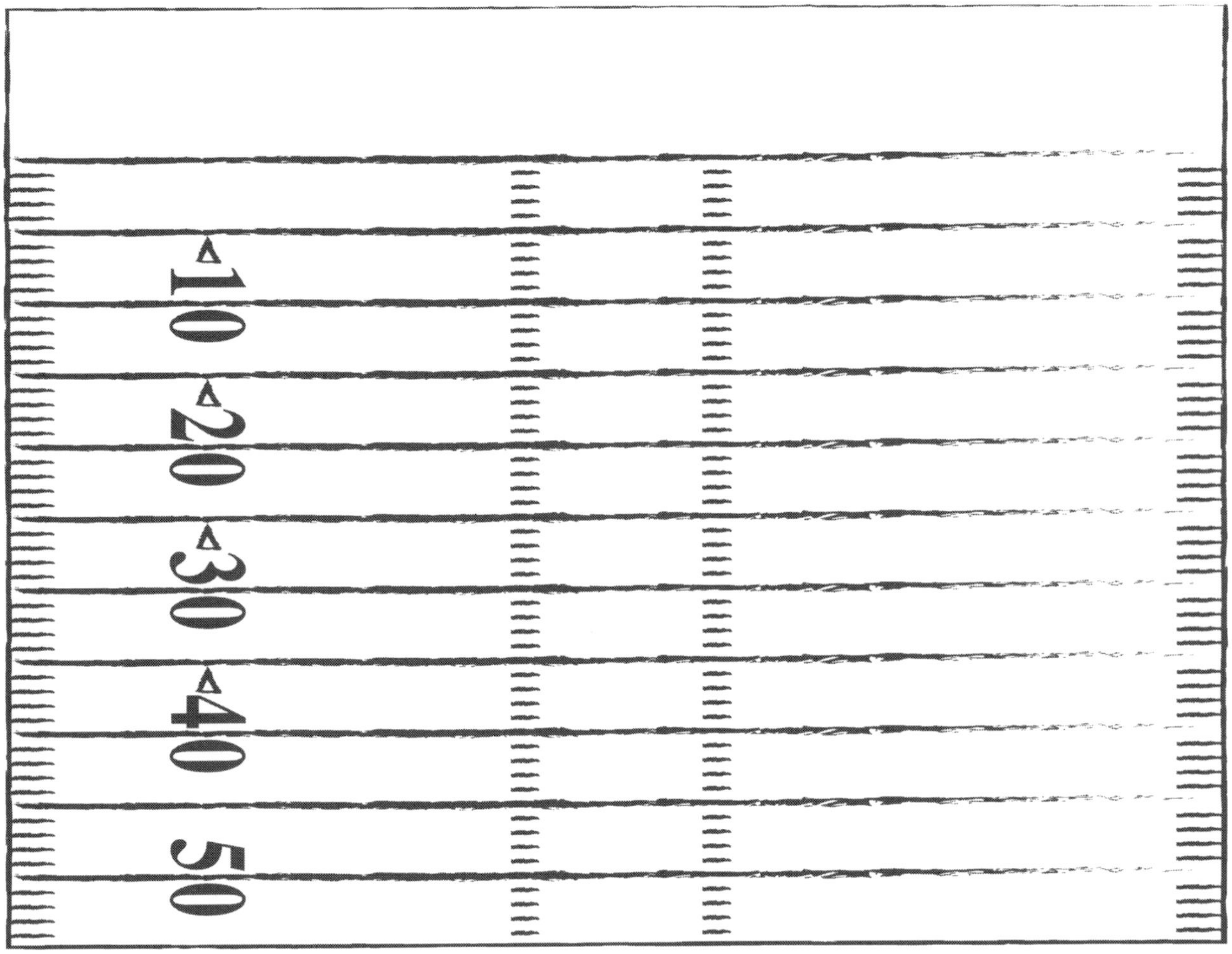
10
20
30
40
50

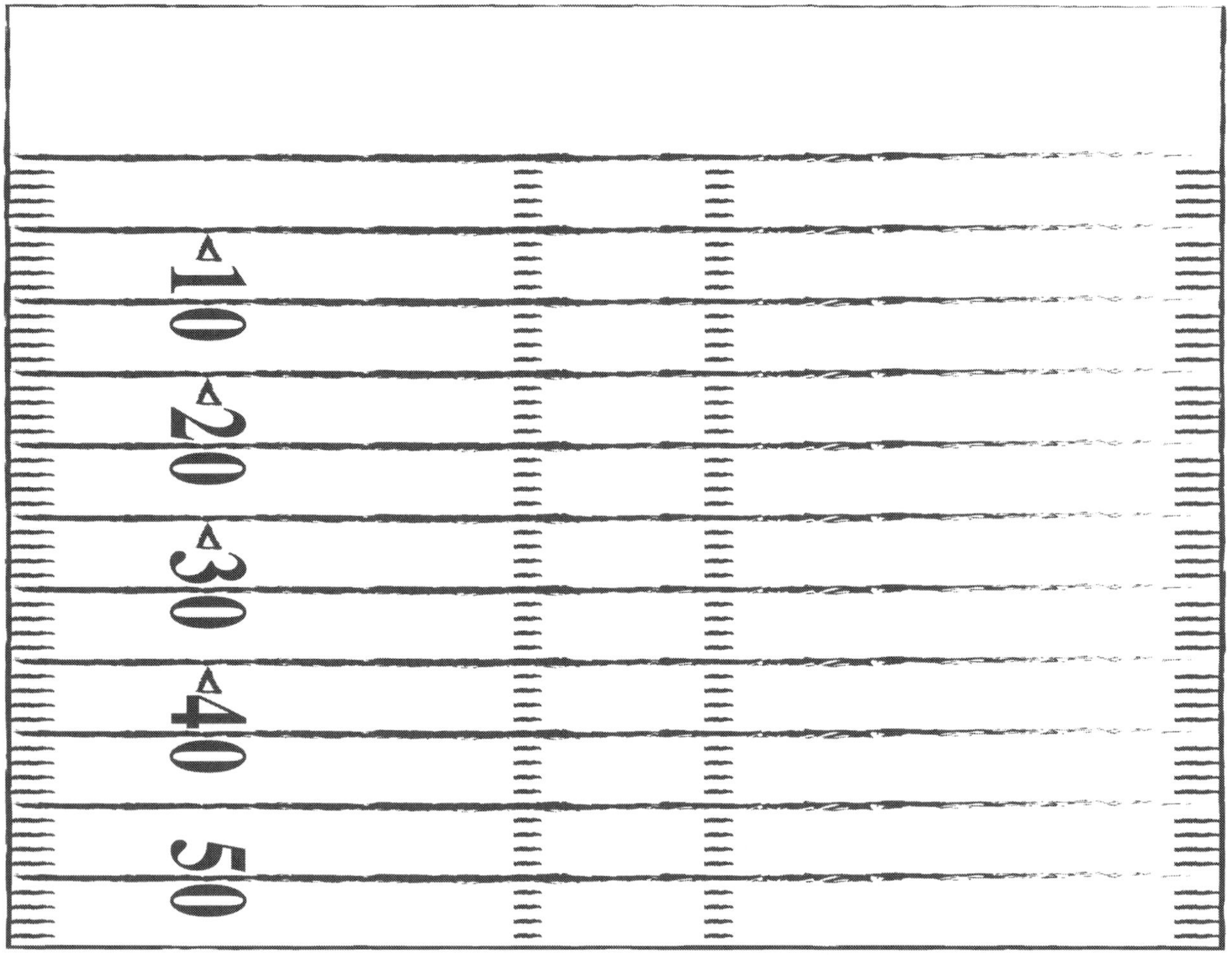
10
20
30
40
50
40
30
20
10

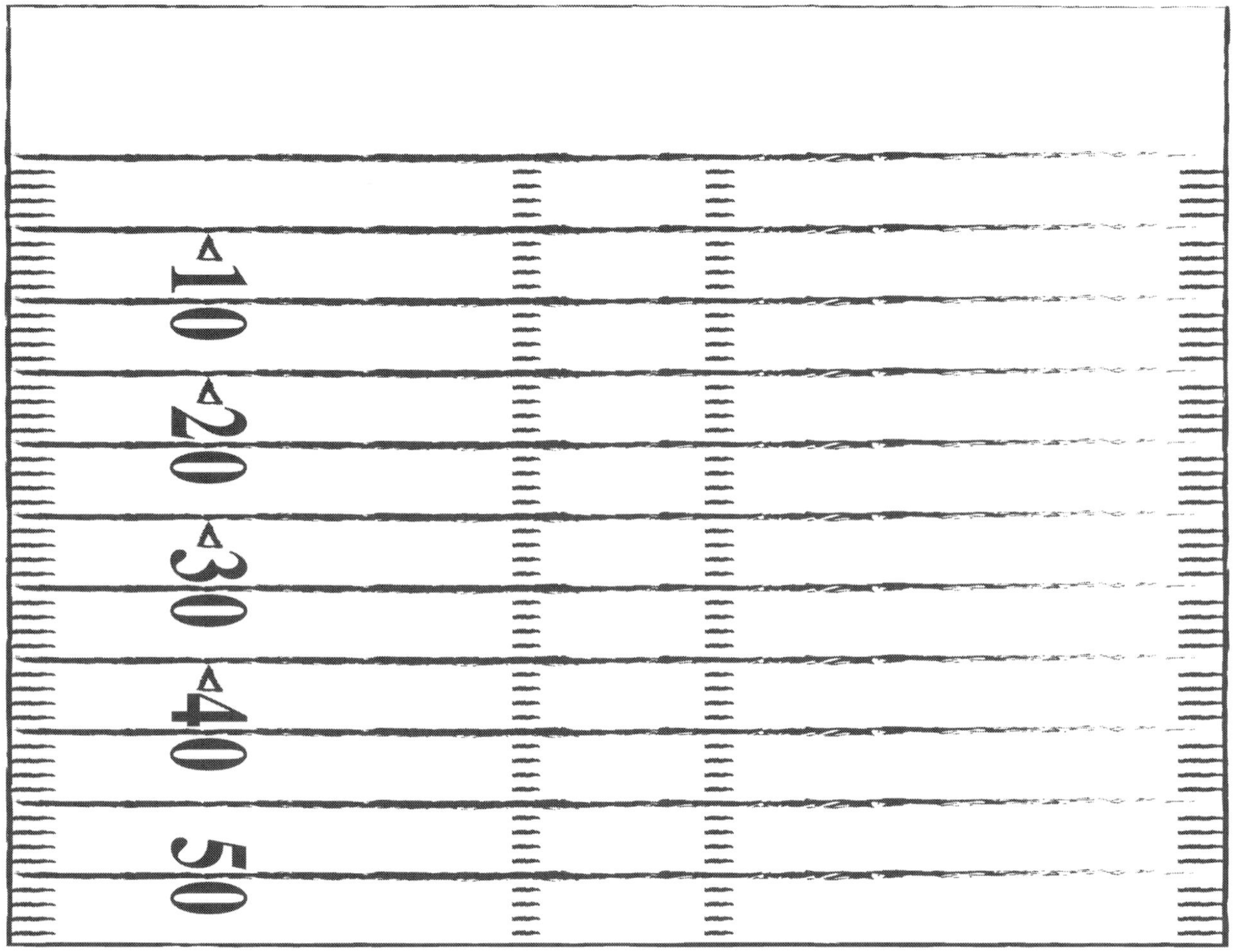
10
20
30
40
50

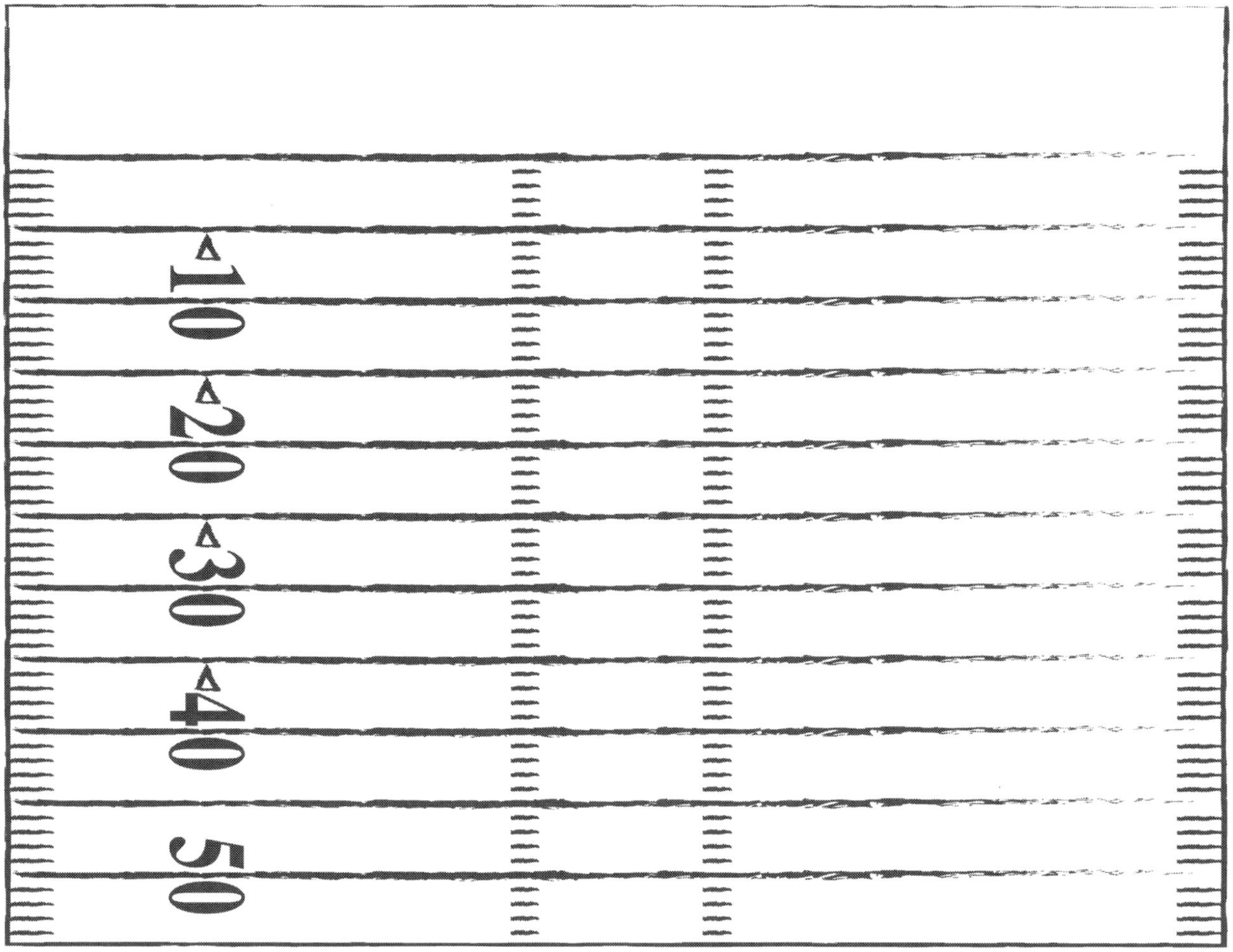
10
20
30
40
50

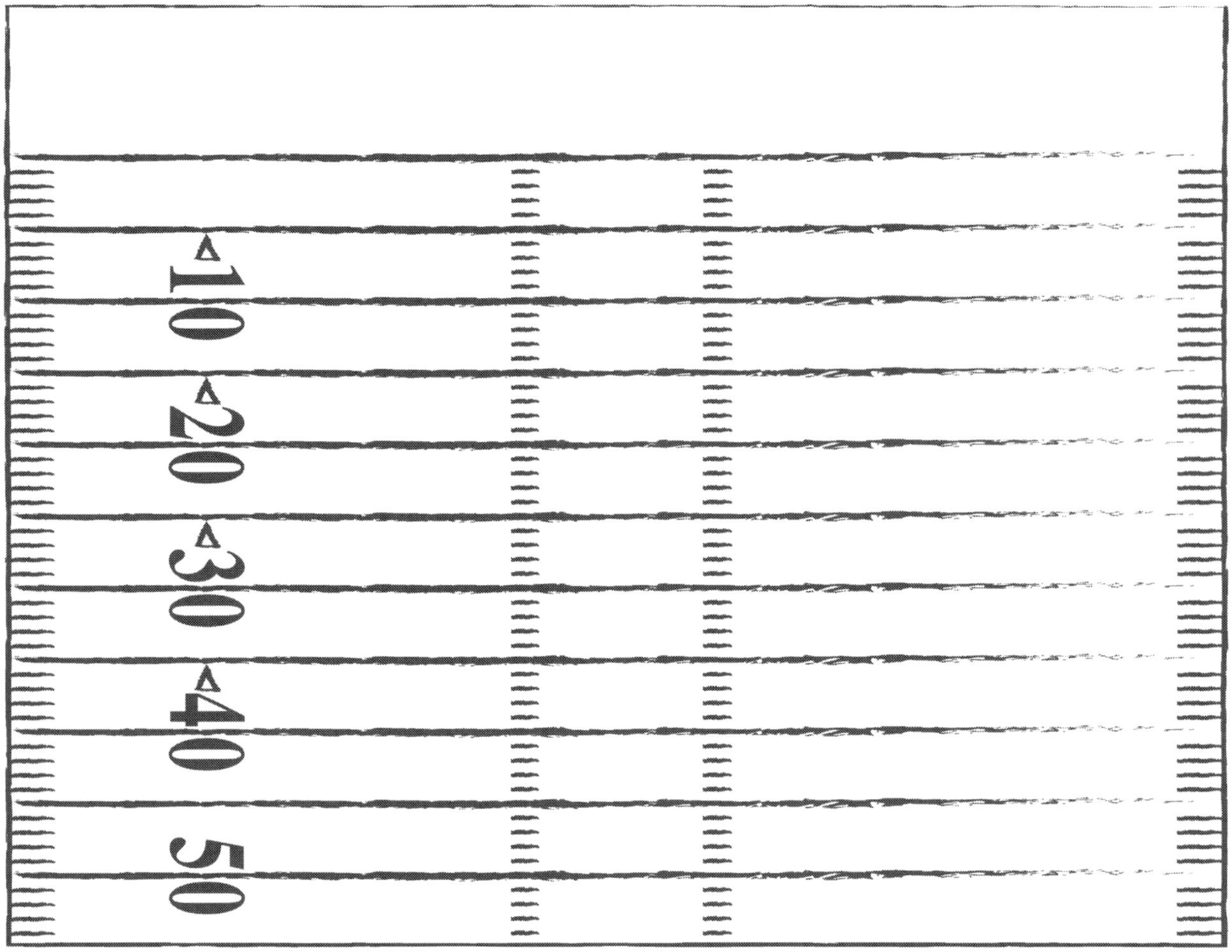
10
20
30
40
50

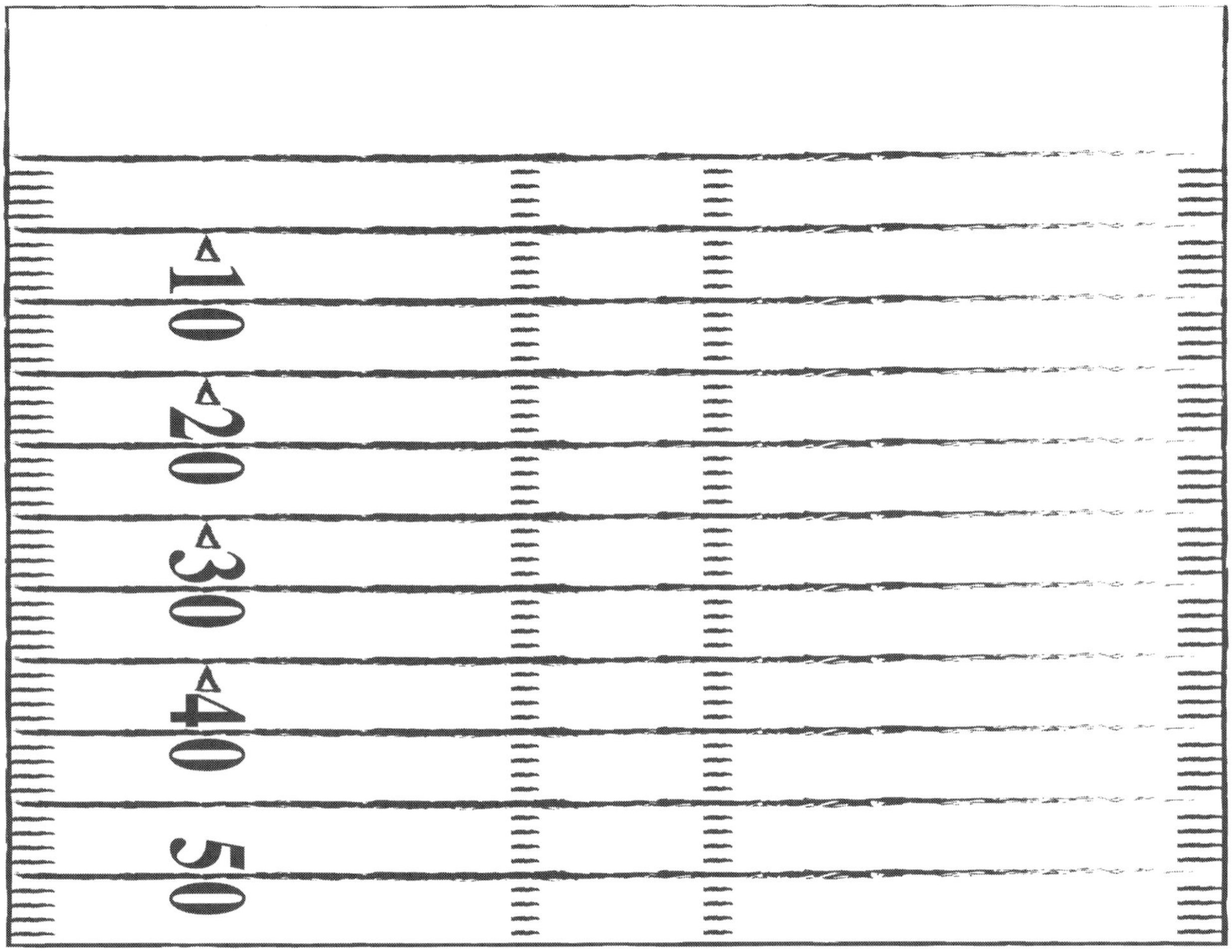

10
20
30
40
50

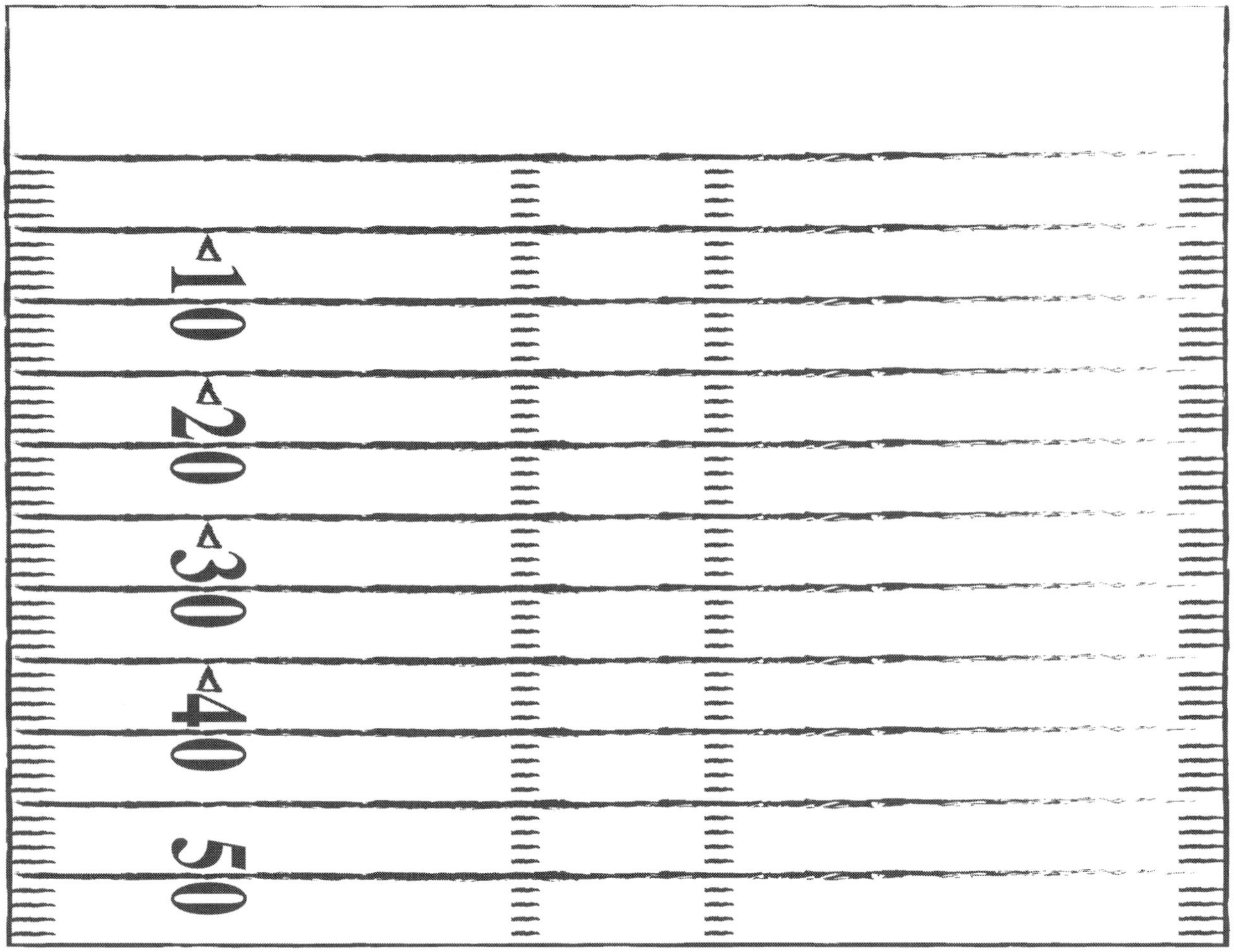
10
20
30
40
50

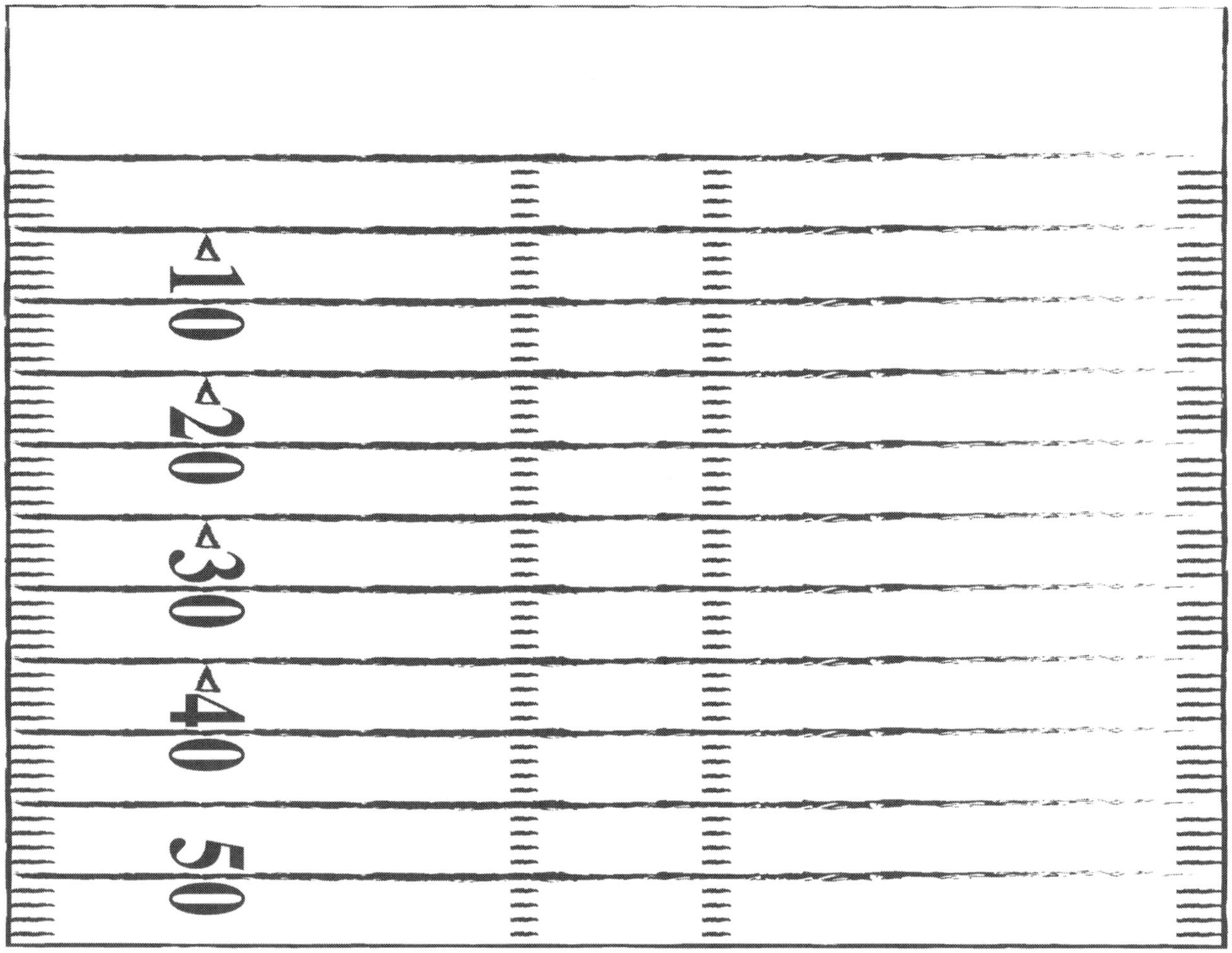
10
20
30
40
50

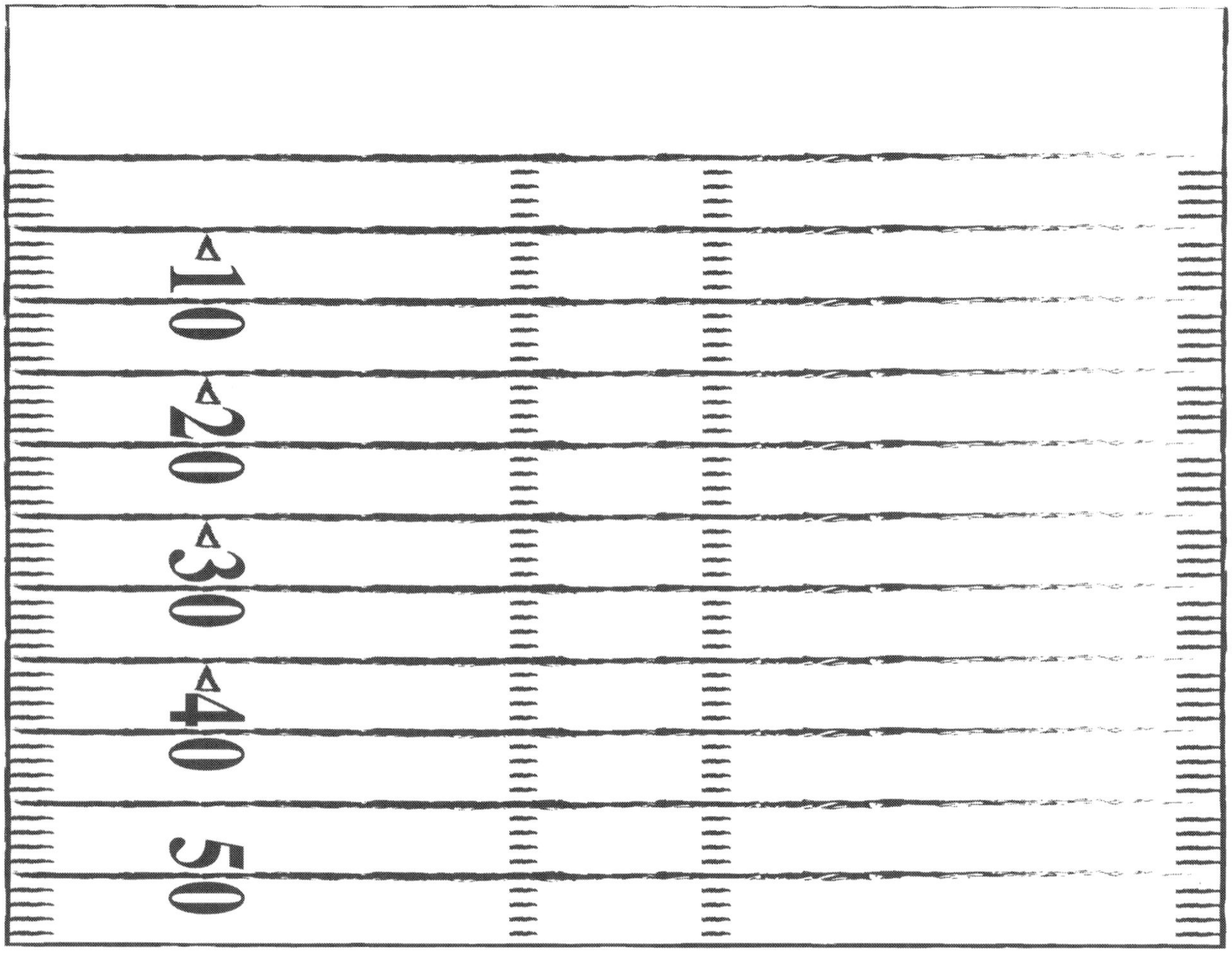
10
20
30
40
50

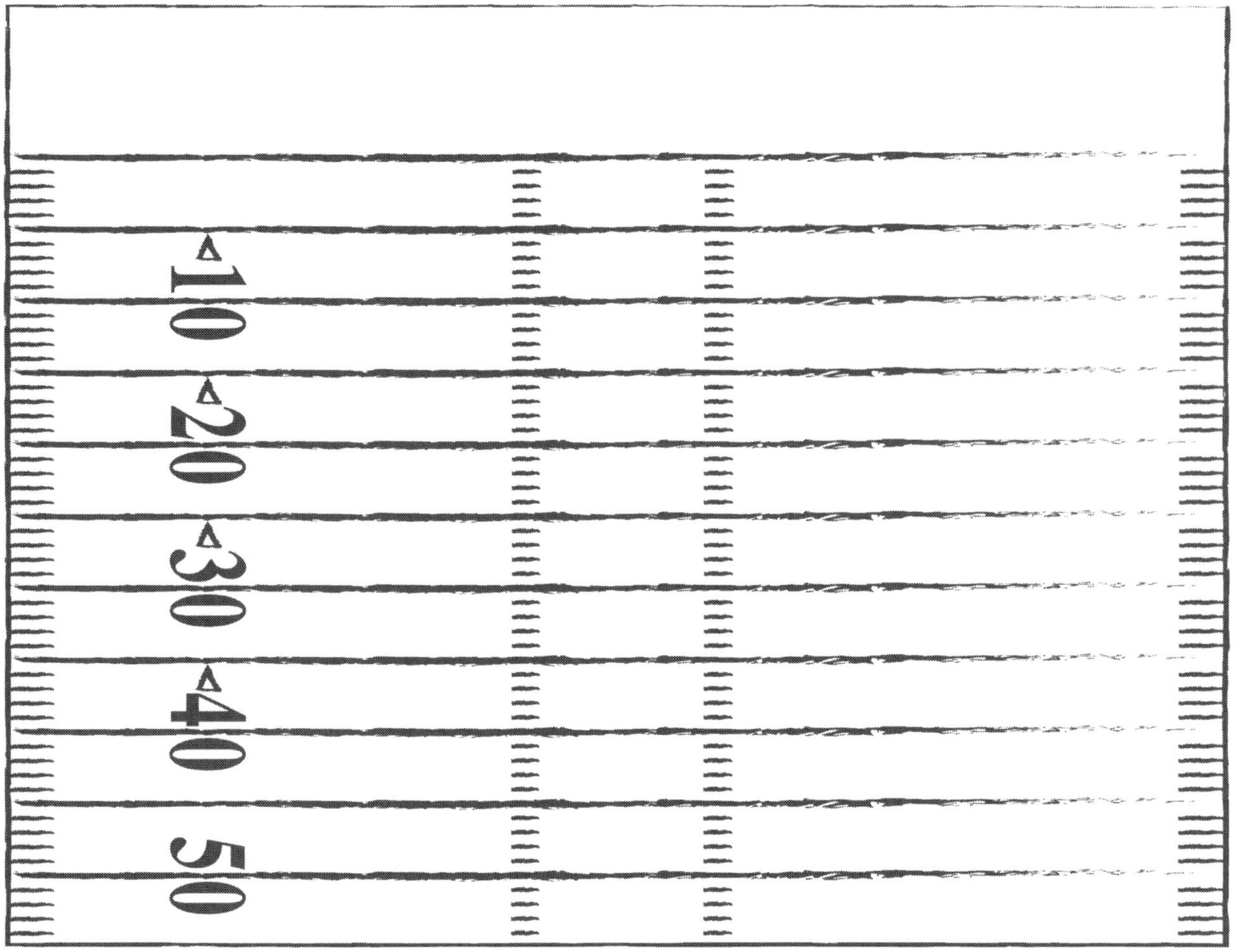
10
20
30
40
50

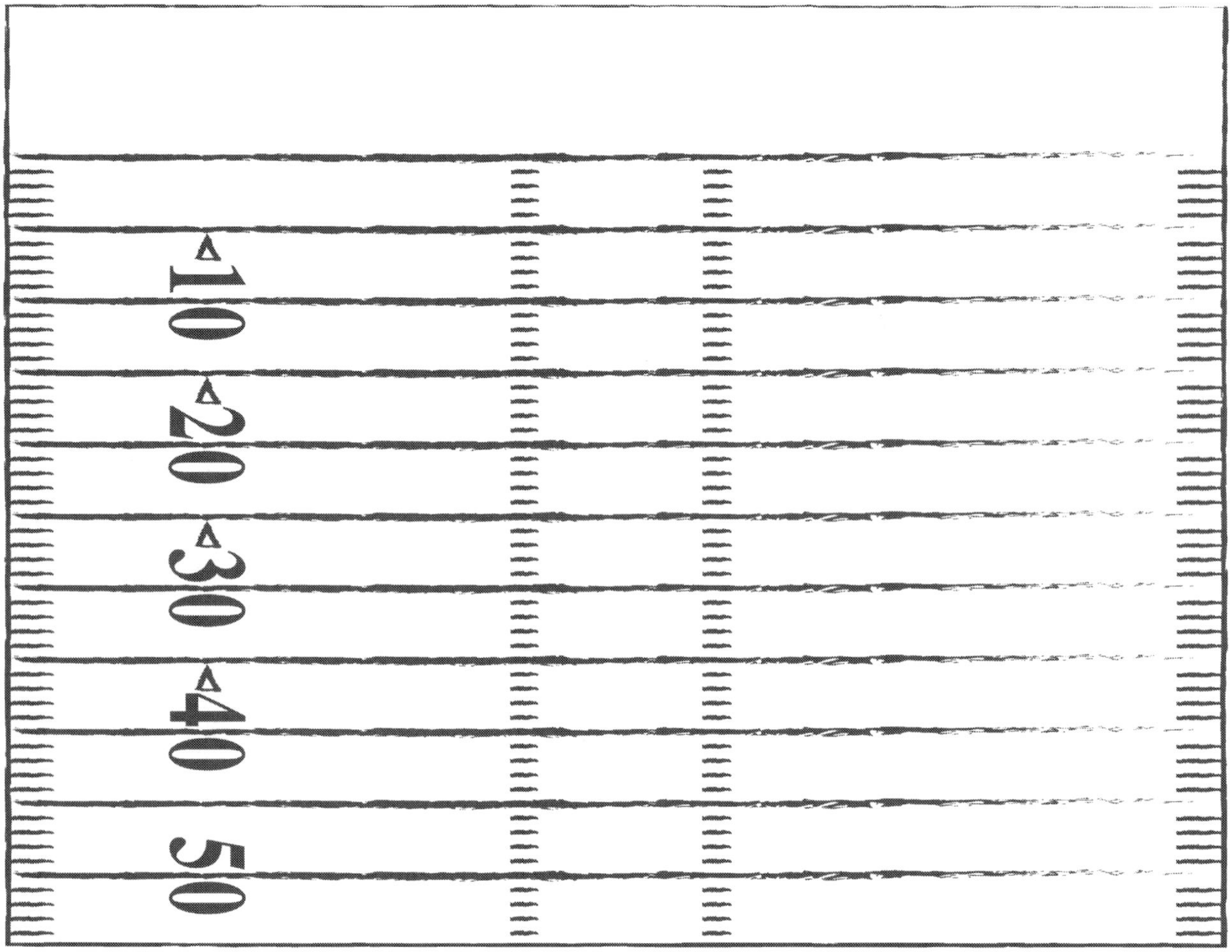
10
20
30
40
50

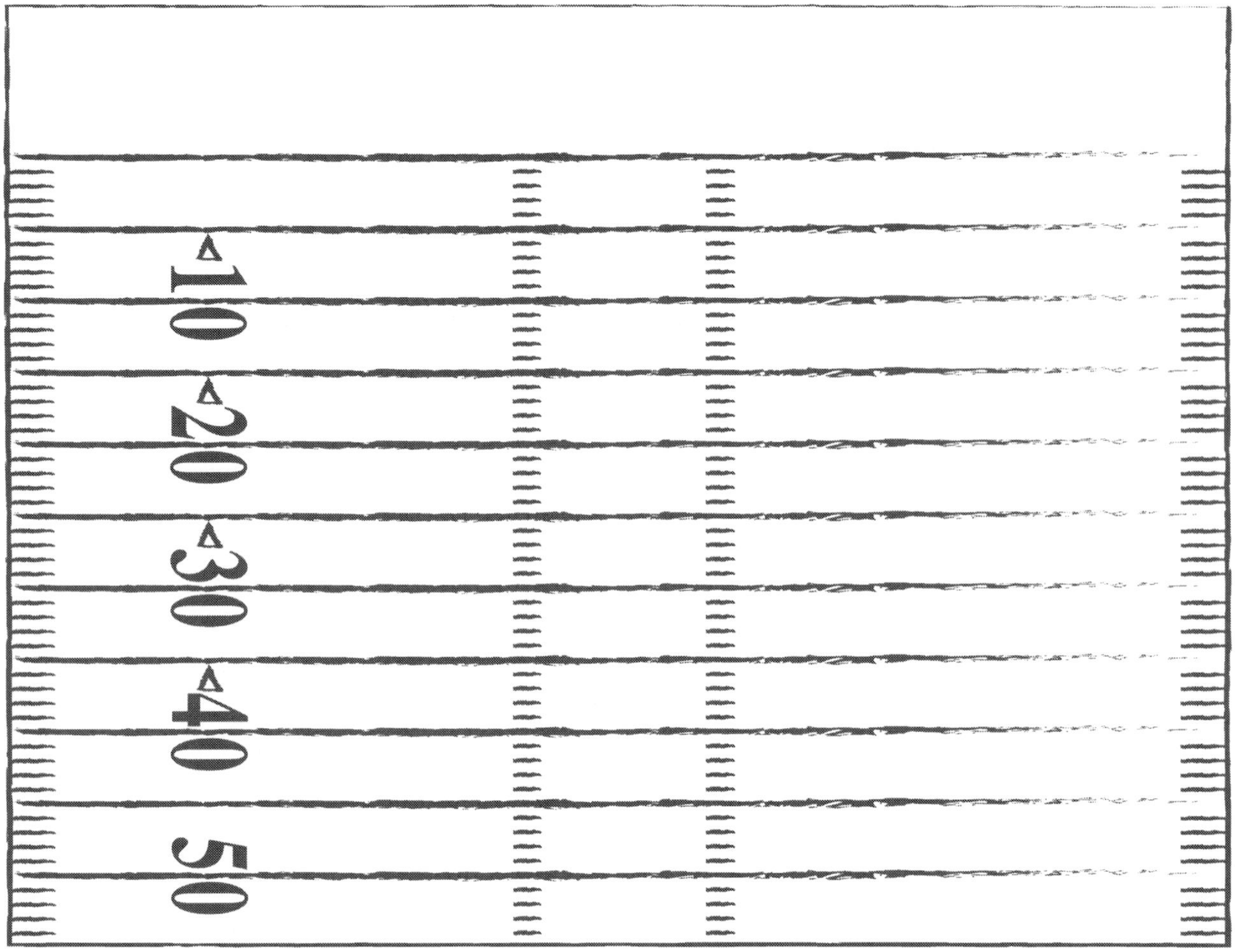
10
20
30
40
50

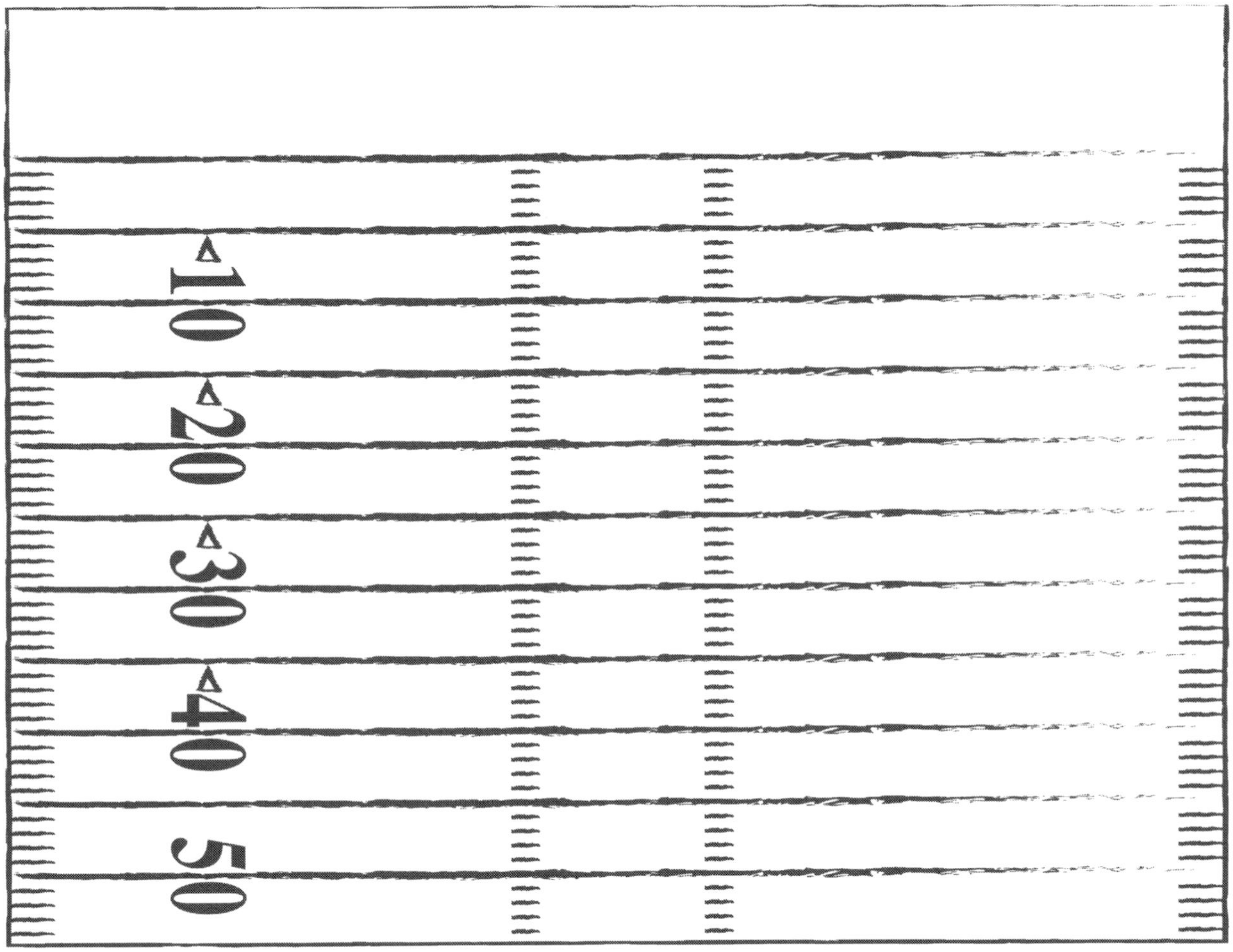
10
10
20
20
30
30
40
40
50

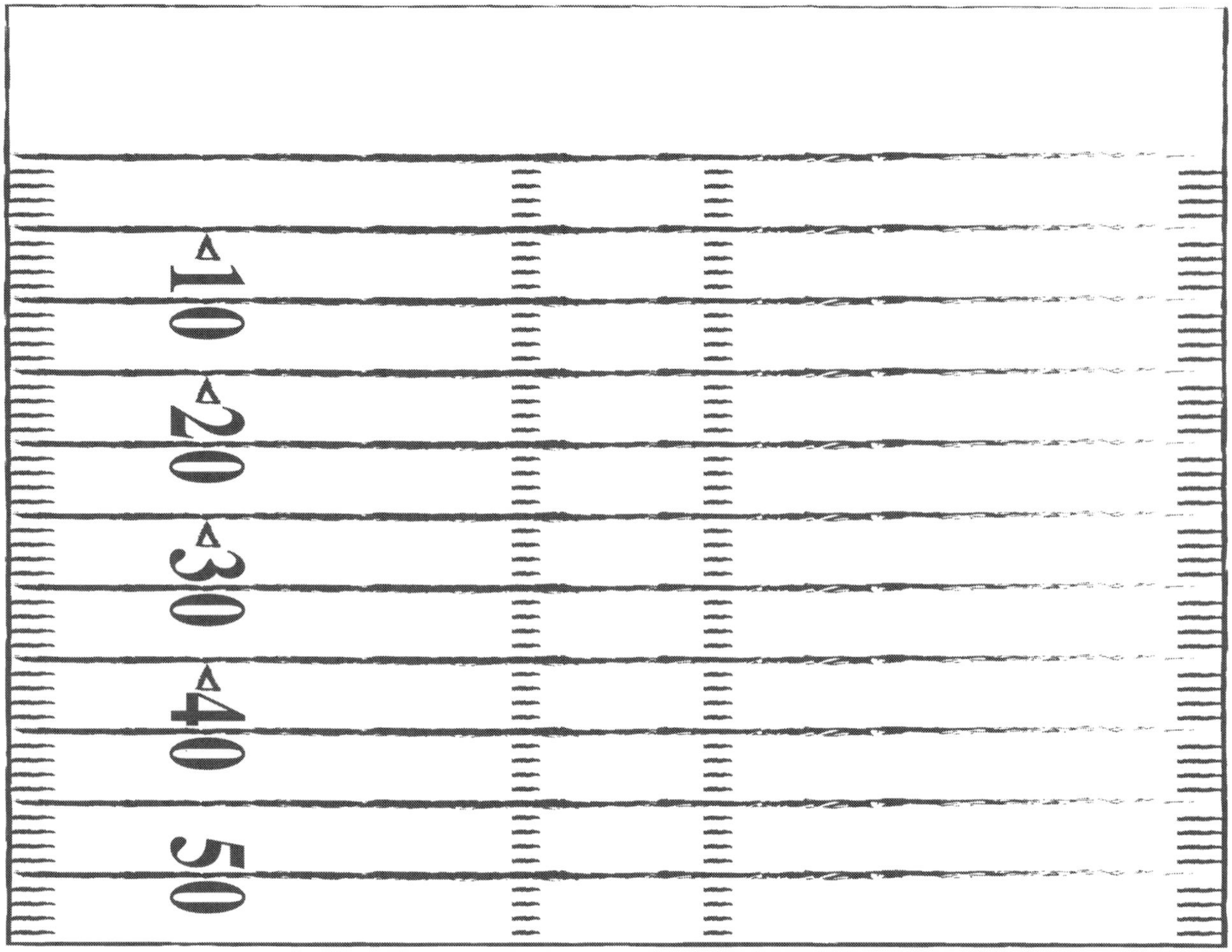
10
20
30
40
50

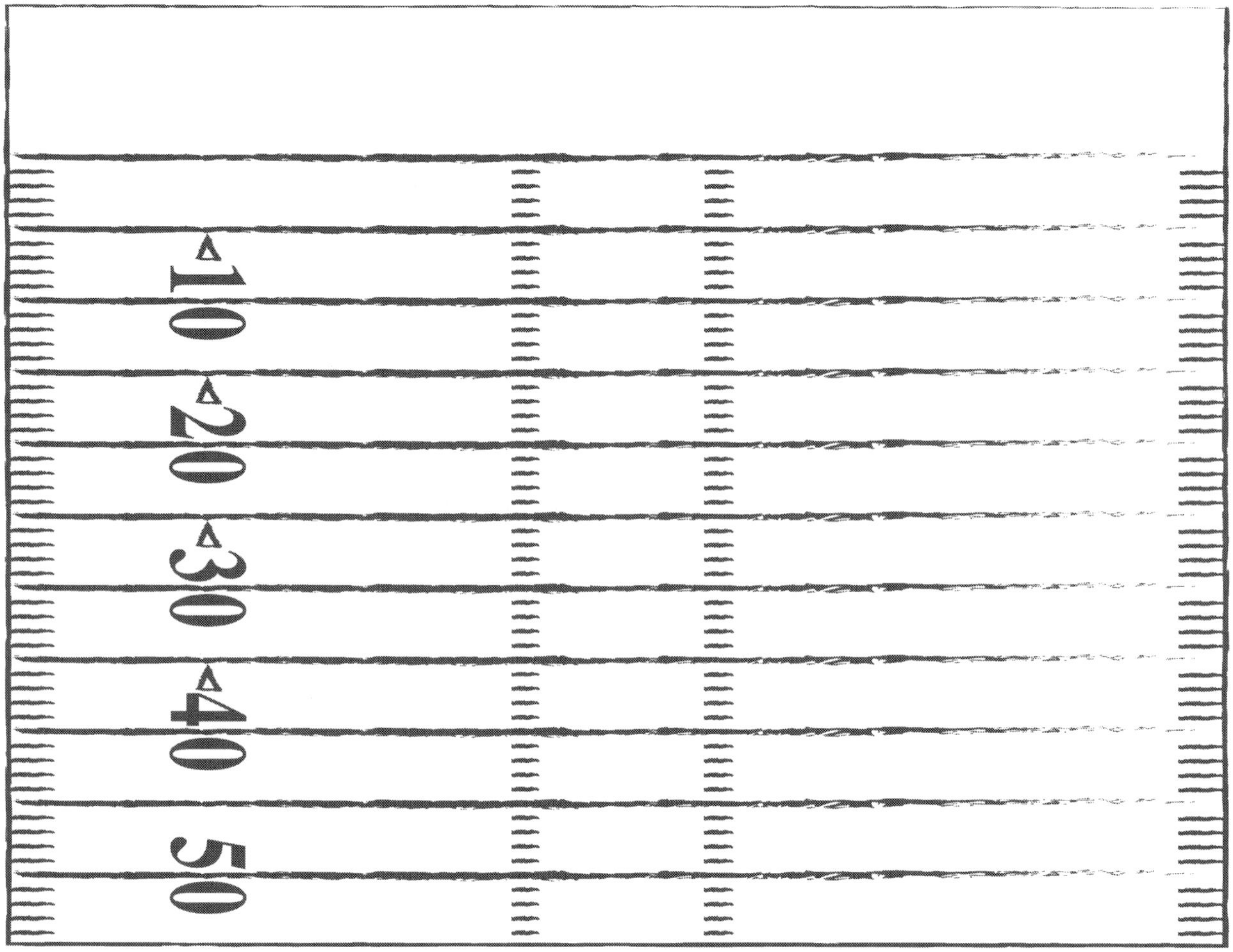
10
20
30
40
50

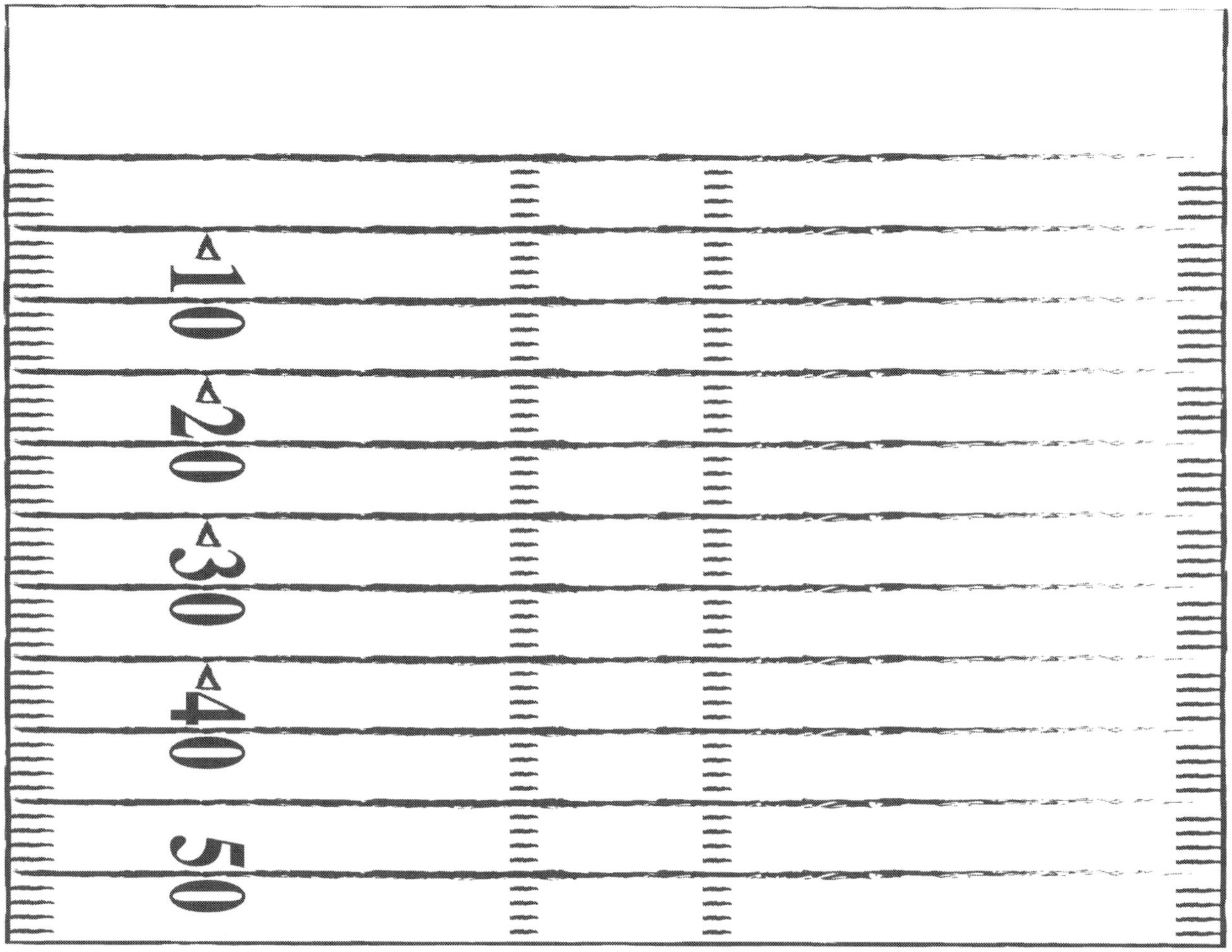

10
20
30
40
50

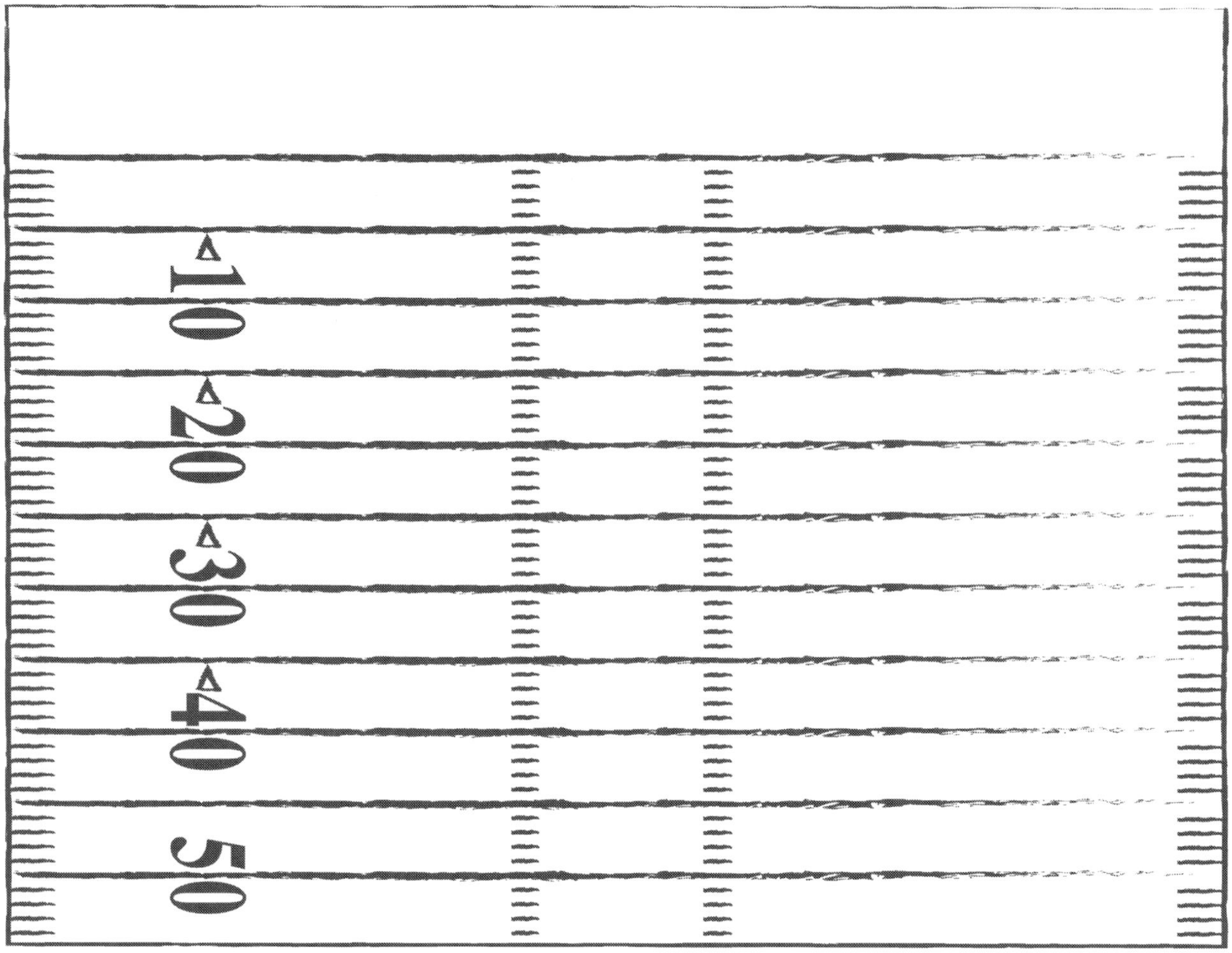
10
20
30
40
50

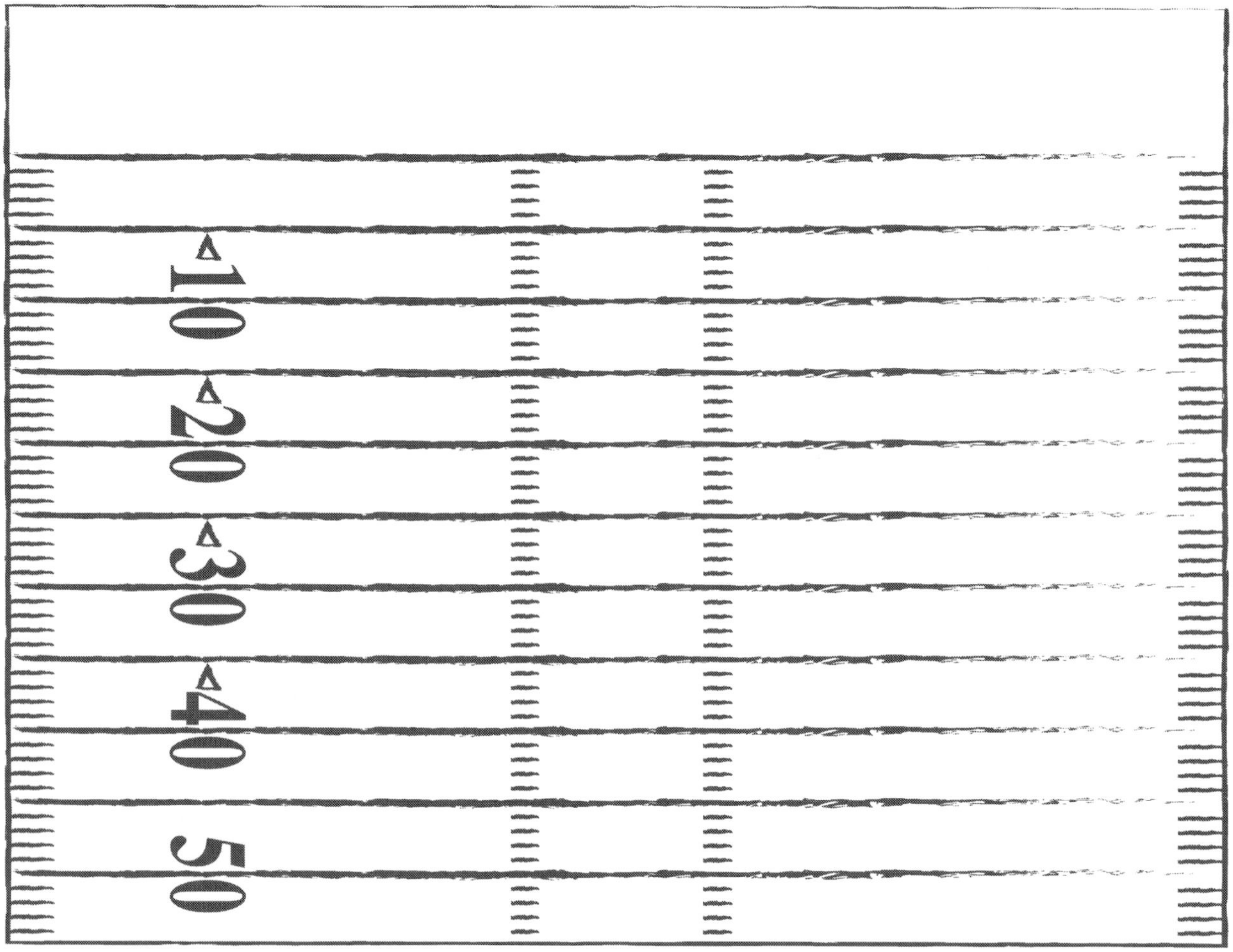
10
20
30
40
50

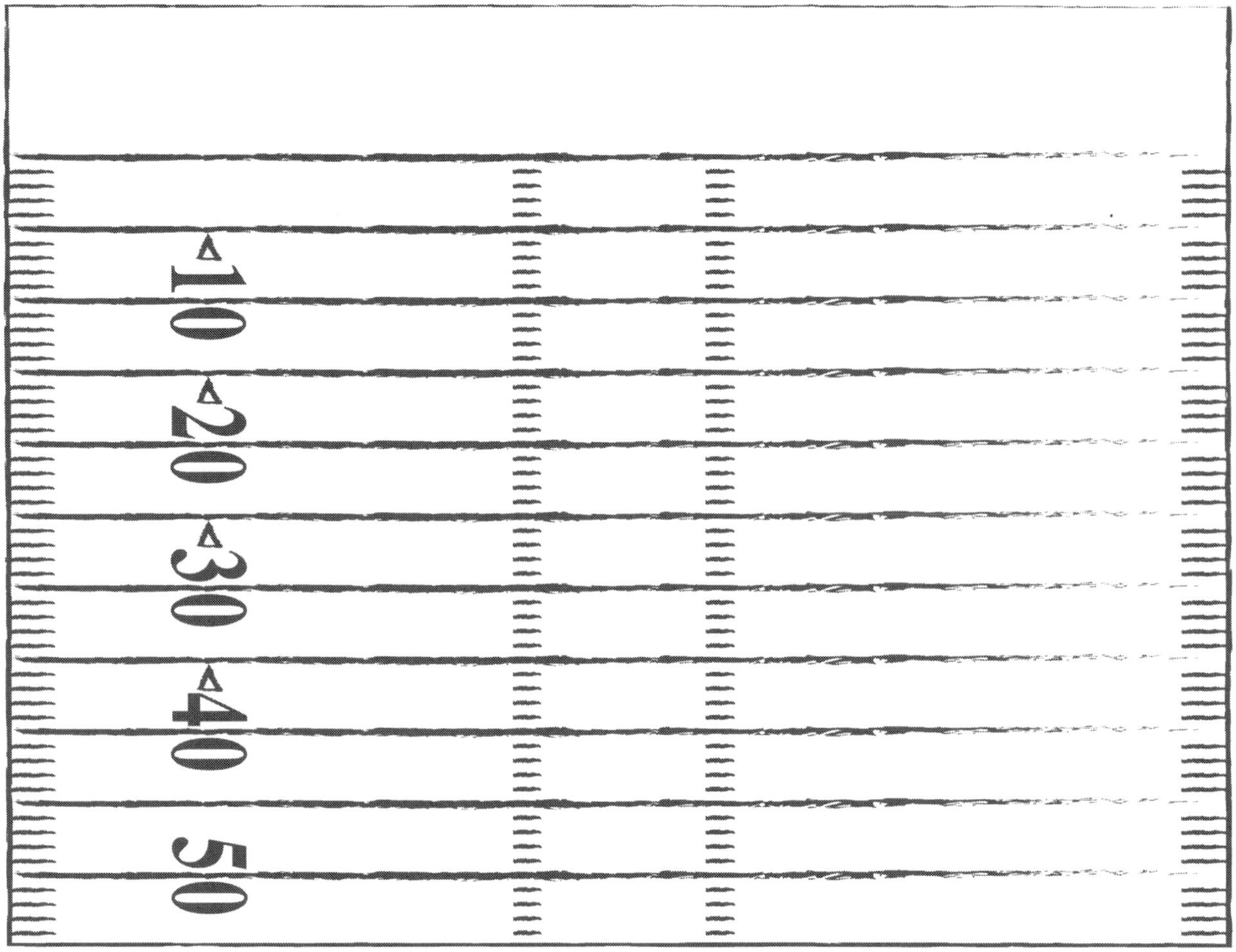
10
20
30
40
50

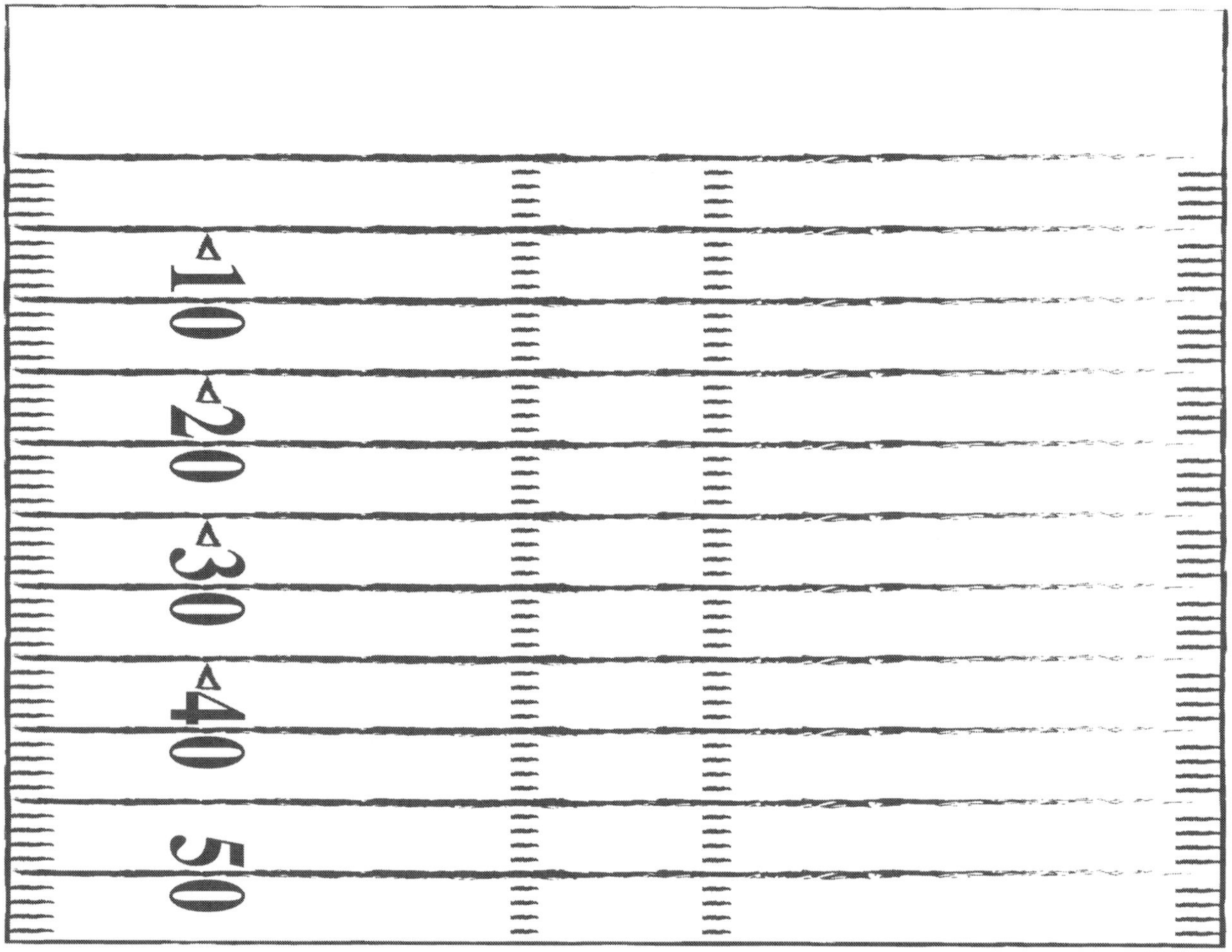
10
20
30
40
50

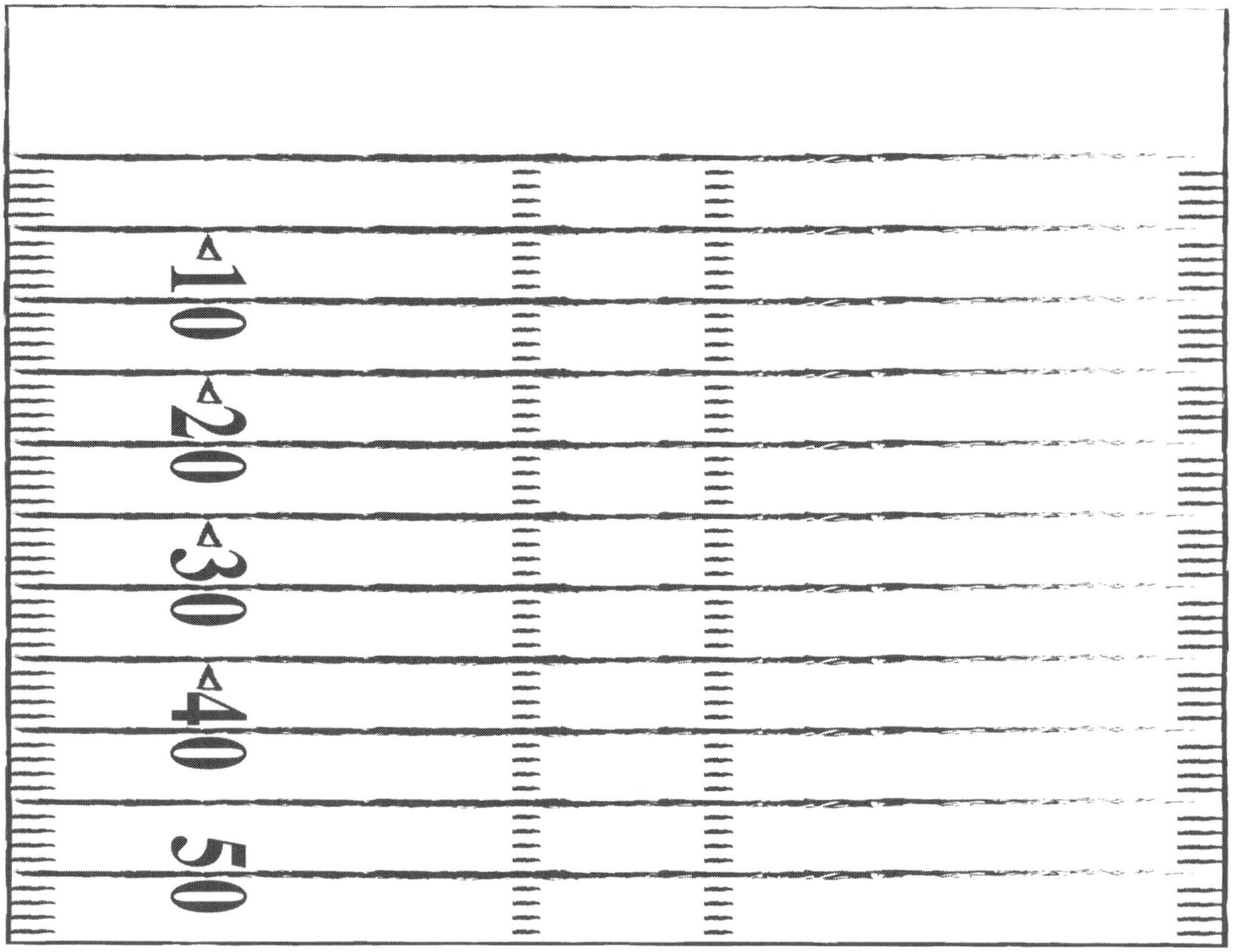
10
20
30
40
50

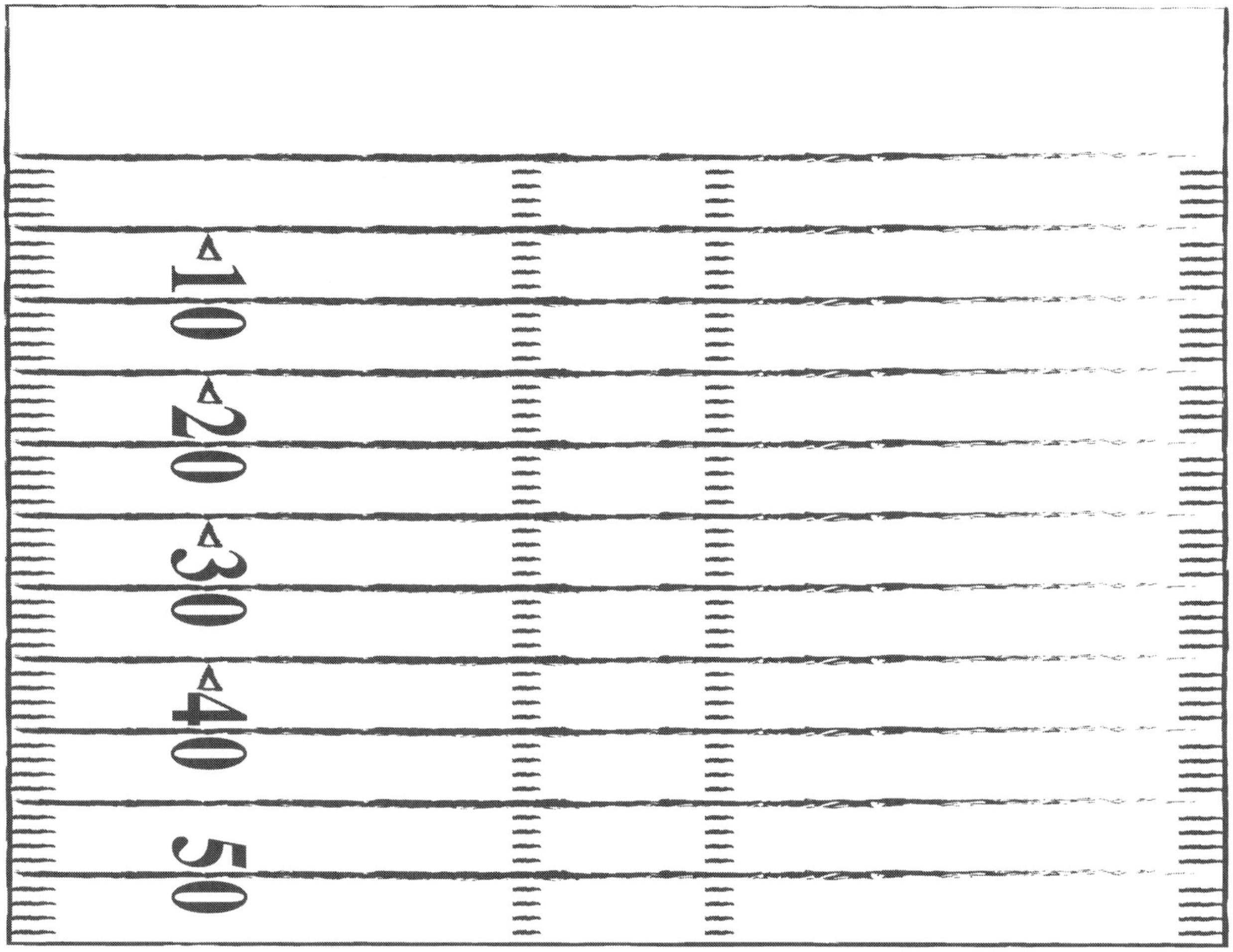
10
20
30
40
50